WHY DIGITAL TRANSFORMATIONS FAIL
THE SURPRISING DISCIPLINES OF HOW TO TAKE OFF AND STAY AHEAD

数字化转型路线图
智能商业实操手册

[美] 托尼·萨尔德哈(Tony Saldanha) ◎著
赵剑波 邓洲 于畅 安艳艳 李童 ◎译

机械工业出版社
China Machine Press

图书在版编目（CIP）数据

数字化转型路线图：智能商业实操手册/（美）托尼·萨尔德哈（Tony Saldanha）著；赵剑波等译. -- 北京：机械工业出版社，2021.4（2023.5 重印）

书名原文：Why Digital Transformations Fail: The Surprising Disciplines of How to Take Off and Stay Ahead

ISBN 978-7-111-67907-3

I. ① 数… II. ① 托… ② 赵… III. ① 企业管理–数字化–研究 IV. ① F272.7

中国版本图书馆 CIP 数据核字（2021）第 070582 号

北京市版权局著作权合同登记　图字：01-2020-3406 号。

Tony Saldanha. Why Digital Transformations Fail: The Surprising Disciplines of How to Take Off and Stay Ahead.

Copyright © 2019 by Tony Saldanha.

Simplified Chinese Translation Copyright © 2021 by China Machine Press.

Simplified Chinese translation rights arranged with Tony Saldanha through Andrew Nurnberg Associates International Ltd. This edition is authorized for sale in the Chinese mainland (excluding Hong Kong SAR, Macao SAR and Taiwan).

No part of this book may be reproduced or transmitted in any form or by any means, electronic or mechanical, including photocopying, recording or any information storage and retrieval system, without permission, in writing, from the publisher.

All rights reserved.

本书中文简体字版由 Tony Saldanha 通过 Andrew Nurnberg Associates International Ltd. 授权机械工业出版社在中国大陆地区（不包括香港、澳门特别行政区及台湾地区）独家出版发行。未经出版者书面许可，不得以任何方式抄袭、复制或节录本书中的任何部分。

数字化转型路线图：智能商业实操手册

出版发行：机械工业出版社（北京市西城区百万庄大街 22 号　邮政编码：100037）

责任编辑：宋学文　刘新艳　　　　　　　责任校对：殷　虹

印　　刷：河北宝昌佳彩印刷有限公司　　版　　次：2023 年 5 月第 1 版第 5 次印刷

开　　本：170mm×230mm　1/16　　　　印　　张：18.25

书　　号：ISBN 978-7-111-67907-3　　　 定　　价：69.00 元

客服电话：（010）88361066　68326294

版权所有 · 侵权必究
封底无防伪标均为盗版

目录

译者序
作者介绍
推荐序
前言

第一部分　为什么数字化转型会失败

第 1 章　如何在新工业革命中求得生存　/ 3

零售业大灾难：第四次工业革命的表征之一　/ 4
如何在一场工业革命中保持繁荣发展　/ 6
斯蒂德贝克公司无力领跑转型　/ 12
如何在一场工业革命中起步并领跑　/ 13
宝洁全球商业服务部门的转型经验　/ 15
在数字化转型中如何起步并保持领先？一些令人意外的答案　/ 15
本章小结　/ 18

第 2 章　五阶段转型路线图的指导准则　/ 19

　　共享服务业的背景　/ 20
　　一张数字化转型的路线图　/ 27
　　数字化转型五阶段路线图　/ 28
　　"进行"数字化与"变得"数字化　/ 31
　　到达第五阶段的路径　/ 32
　　五阶段转型模式的指导准则　/ 34
　　从飞机起飞学到的准则　/ 34
　　起步和领先阶段中令人意外的准则　/ 36
　　本章小结　/ 38

第二部分　数字化转型五阶段路线图

第一阶段　夯实基础

第 3 章　领导者推动　/ 45

　　为什么数字化转型需要领导者关注和推动　/ 46
　　领导者在数字化转型中的重要角色　/ 47
　　新加坡的领导者在数字化转型中的贡献　/ 48
　　转型发起者在实现目标与突破障碍中的作用　/ 50
　　宝洁如何保持一流的 ERP 系统　/ 51
　　为什么我们没有看到更多来自领导者的推动　/ 53
　　本章小结　/ 57

第 4 章　迭代式执行　/ 59

　　如何将迭代式执行方法应用于复杂的多项目计划　/ 61

为什么丹佛机场的行李分拣项目失败了 / 64
一种进行数字化转型的迭代式执行方法 / 66
数字化转型中速度和加速度的重要性 / 70
速度（或者"创新速度"）指标 / 71
为什么很多企业不能加快速度（以及你能在这方面做什么）/ 72
本章小结 / 76

第二阶段 单点突破

第 5 章 颠覆性授权 / 81
美国推行公制度量标准的尝试为何会失败 / 82
《华盛顿邮报》的起死回生 / 85
颠覆性授权的要素 / 87
本章小结 / 94

第 6 章 数字杠杆点 / 96
奈飞的数字杠杆点 / 97
麦当劳的"创新"项目 / 100
理解数字杠杆点 / 101
本章小结 / 110

第三阶段 局部同步

第 7 章 有效的变革 / 115
变革管理是转型第三阶段成败的关键 / 116
为什么修复千年虫的行动成功了 / 118

宝洁如何整合吉列 / 120

营造变革环境的准则 / 124

使用正确变革模型的准则 / 125

如何科学管理组织的免疫系统 / 128

为什么"冷漠中层"在数字化转型中尤其重要 / 130

本章小结 / 131

第 8 章 战略充分性 / 133

数字化转型的组合 / 134

华而不实是战略充分性的敌人 / 134

谷歌的变革公式 / 136

战略充分性的容量 / 140

维珍集团内部创业的方法 / 142

宝洁的战略充分性 / 144

本章小结 / 146

第四阶段 全面同步

第 9 章 数字化再造 / 151

企业的 IT 能力是活塞式的还是涡轮式的 / 153

重新设计下一代 IT 能力的准则 / 155

通过数字资源职能构建新一代 IT 能力 / 156

构建全企业范围的新型数字化能力 / 160

本章小结 / 162

第 10 章 保持前沿性 / 164

在瞬息万变的数字世界中保持前沿性 / 165

如何保持前沿的思考　/ 167
在采纳数字技术上保持前沿性的准则　/ 168
与风险投资家和初创企业合作　/ 170
本章小结　/ 173

第五阶段　活力 DNA

第 11 章　敏捷型文化　/ 179

Adobe 的敏捷性如何帮助它不断发展　/ 180
为什么敏捷型文化能够实现持续的数字化
　转型　/ 182
Zappos：以客户为中心的创新如何帮助它
　保持领先　/ 183
适应性文化：为什么《纽约时报》最初在数字化
　转型上的努力失败了　/ 186
构建敏捷型文化并保持领先的准则　/ 189
本章小结　/ 190

第 12 章　风险的感知　/ 192

衡量和应对颠覆性风险的准则　/ 193
宝洁 GBS 的风险识别　/ 195
为什么预警信号会被忽略　/ 201
克服恐惧、惰性和误判的准则　/ 206
本章小结　/ 207

第三部分　以数字化转型提升制胜能力

第 13 章　宝洁的转型 / 211

　　宝洁 GBS 转型的目标　/ 211

　　运营的数字化支柱　/ 212

　　转型的挑战　/ 217

　　本章小结　/ 221

第 14 章　成功的转型 / 222

　　数字化是历史性机遇　/ 223

　　把机会转化为成功　/ 229

　　数字化最终会创造出公平的竞争环境　/ 230

　　剩下就看你的了　/ 231

附录 A　保障成功转型的准则检查清单　/ 232

附录 B　五种指数型技术的应用建议　/ 236

致谢　/ 254

注释　/ 259

译 者 序

经过前期探索,"新工业革命"或者"第四次工业革命"等概念已经被广泛接受,各个工业国家纷纷制定相关产业发展战略,以应对新一轮的科技革命和产业变革。正如以往的工业革命一样,第四次工业革命将会剧烈地改变行业的发展前景。从潜在影响看,新工业革命将引发产业变革,能够提振长期低迷的生产效率;从根本动力看,是要找到新的通用目的技术,目前来看新一代信息技术的概率较大;从发展目标看,是要促进新一代技术与实体经济融合,提升实体经济的生产效率,推动产业变革。单纯的技术突破和创新并不一定引发产业变革,只有在技术创新和突破导致生产方式的革命性变化,以及推进产业体系出现重大变化的情况下,才会引发产业变革,不断催生新模式、新业态。

在数字经济时代,用户需求呈现出高度易变、不确定、模糊和复杂的特征，用户的期望和需求不断提高，期待并且要求量身定制的体验。大数据、人工智能、云计算等新一代数字技术的兴起及其向各行业的深度渗透，也为企业低成本、高效率地获取用户信息，进行全样本试验，持续改进产品提供了前所未有的技术条件。要满足用户不断变化的需求，企业必须打造一种以用户为导向的数字化业务体验，并和用户保持长期、密切的联系。企业的信息化系统要能够将用户实时的、个性化的、碎片化的需求传递给生产端，充裕的计算能力要整合这些碎片化的需求并优化产业链进行生产，最终实现精准的供需匹配。这个逻辑才是企业数字化转型的动力所在。

自从到中国社会科学院工业经济研究所工作以来，写作已经成为我的一种习惯，讲得少，写得多，整日忙于各种各样的报告，根本无暇思考和学习。尤其是在写各种报告的时候，经常会有枯坐终日，却一字未就的窘境，下笔如有神的时刻总是比较少。被催稿和拖延成为工作生活的主题，我相信这不是我一个人的烦恼。翻译工作对于我有两点很重要：一是可以坚持学习。比如本书的主题是数字化转型，尤其作者还来自实践领域，翻译一本这样的书，能够帮助我了解业界的前沿动态。二是可以保持专注。尤其是在不断被催稿而又一字写不出的情况下，做点翻译工作可以让内心安静下来，保持思考的状态。

因为翻译本书，我和素未谋面的作者有了交流。本书的作者萨尔德哈长期在宝洁工作，主要职责是推动宝洁的数字化转型。

宝洁在中国有着良好的品牌形象，而我也可以算作与宝洁中国共同成长的一代。宝洁在进入中国市场伊始，就不断塑造其品牌美誉度，潘婷、飘柔、海飞丝的洗发水，汰渍的洗衣粉……作为一名消费者，我一直是宝洁的忠实用户。现在，通过翻译本书，我对宝洁有了更深的了解，作者以宝洁全球共享服务部门为例，讲述了宝洁如何实现数字化转型的故事。在这个案例故事中，我觉得有三个重点内容，是所有读者应当珍视的。

一是变革造成的冲击。怎样才能成为时代的企业，这取决于你具备何种把握颠覆性变革的能力。你能想象得出在纽约时代广场上，密密麻麻的马车商店和铁匠铺比邻而居的情形吗？可惜在马车向汽车变革的过程中，它们几乎全被淘汰了。这就是时代！梅西百货、西尔斯百货、玮伦鞋业等曾经的传奇都出现在美国破产企业的榜单上，这就是时代！到现在还有很多人在质疑，第四次工业革命到底有没有发生？看看作者的回答，他列举了计算能力的指数级增长速度，列举了颠覆性技术的迭代速度，作为企业管理者，如果你还不为此而动容，那就真的成为时代的"野蛮人"了。在本书中，你将了解五种指数型技术，请思考这些技术对你所处行业的潜在影响，这是企业实现从活塞式发动机向涡轮式发动机切换的关键，也是理解数字经济时代内涵的关键。

二是推动转型的准则。企业的数字化转型绝对不是"振臂一呼，应者云集"，转型需要一些准则予以指导。作者提出了数字化转型的五阶段模型，对于每个阶段都给出了两个相应的准则，总共给出了十大准则来指导数字化转型，读者可以逐一参考。除此之外，推动转型需要按照"70∶20∶10"的比例分配注意力——70%放在日常运营上，20%放在持续改进上，10%放在颠覆式创新上。因此，需要创造一个"创意组合"以培育出个别的"10倍"创意项目，虽然组合中的某些项目会失败，但总体上的创新是成功的。"10倍"创意项目都是企业的未来服务项目，几乎不用什么投入，且通常在很短时间内就能获得回报。在这方面，谷歌、维珍集团、奈飞公司都是非常典型的案例。

三是实施数字化转型。按照数字化转型的五阶段模型，从点到面，再到像奈飞公司那样把转型塑造成为企业的基因。这看起来非常枯燥，作者因此有点讽刺意味地告诉大家，转型绝对不是西装革履地到硅谷去朝拜什么，也不是坐在某个创新中心的玻璃房子里夸夸其谈，推动数字化转型的重点是"do"。数字化转型需要一个科学的方法论和路线图，作者为此提供了一个五步法或者称为五阶段模型。在模型操作中，比较重要的是，企业需要找到一个"杠杆点"，即能够迅速取得数字化转型成效的突破点和关键领域，麦当劳转型之所以失败是因为没有弄清这个数字杠杆点在哪里；最重要的是，需要领导者的全力支持和授权，《华盛顿邮报》的成功是因为杰夫·贝佐斯的支持和授权，美国引入公制度量标准失败则是因为缺乏领导者的支持；数字化转型绝对不能通过委派给别人的方式实现——包括下属部门或者咨询公司，成功的数字化转型需要领导者的持续关注和大力推动。

"他山之石，可以攻玉。"本书的观点是，对于企业而言，数字化转型是基因的重塑、文化的重塑和组织的重塑，基本上相当于将自己摧毁一遍，再重新成长起来。对于传统企业，更具挑战的是，哪怕有足够的资金，也未必能够完成数字化转型。本书中没有一个来自中国市场的企业案例，也没有"业态""智能"等时髦的术语，我想这正是国内企业家应该读一读、看一看本书的理由，看看国外的同行如何看待数字化转型，从而避开国内创新领域的浮躁、浮夸风气。正如作者想传递给读者的那样，数字化转型容易受到"术语"的束缚，通过阅读本书，你会发现务实和持之以恒才是推动数字化转型的核心灵魂。中国企业只有不忘初心，坚持五步法的数字化转型路线图，才能塑造出一个个中国案例，才能成为时代的故事，才能实现从卓越走向世界一流。

在本书中，作者讲述了这样一个故事：他和一家初创公司的CEO约会议时间，行政助理迅速帮他们两个做出安排，最后作者发现这个行政助理居然是一个机器人。的确，人工智能（AI）会取代很多人类的工作，包括类似的翻译工作。当然我们并没有那样做，本书的翻译由中国社会科学院工业经济研究所的赵剑波博士、邓洲博士、于畅博士，以及硕士生李童同学，还有北京物资学院的安艳艳老师合作完成，我想我们比人工智能强一点的地方在于对细微之处的把握，希望各位读者能够感受到。

最后当然是致谢。谢谢作者萨尔德哈先生有此力作，谢谢机械工业出版社的协调安排，也非常感谢策划编辑的信任和委托。

在翻译本书的过程中，我们的拖延症一犯再犯，谢谢出版社的一再宽容。当然，翻译只是我们的副业，很多地方我们的团队可能还比不上 AI，错误的表达和不通畅的语句肯定会存在，在此向作者以及广大读者深表歉意。

赵剑波
2021 年 1 月

作者介绍

托尼·萨尔德哈是全球公认的商业和创新领袖，30年来，他一直处于全球商业服务和信息技术行业的最前沿。本书是他多年来的一线管理经验，以及在实施颠覆式创新和战略管理等方面的经验总结。

萨尔德哈在数字化转型方面拥有丰富的经验。在宝洁任职的27年中，他负责宝洁全球商业服务（GBS）以及遍布全球的IT组织的运营和数字化转型，后来成为宝洁GBS和信息技术副总裁。作为知名的行业思想领袖，他领导过GBS的业务设计和运营，担任过CIO，管理过收购和剥离，组织实施过大规模外包，创建了全行业的颠覆式创新结构，设计了新的商业模式。2013年，他被《计算机世界》(*Computerworld*)评选为IT专业人士100强。

萨尔德哈一生都在亲身体验数字技术带来的变革力量。他成长于印度,亲身经历了20世纪70年代和80年代软件技术给个人、组织和社会带来的巨大变化。他后来工作的足迹遍及全球60多个国家,并在6个国家生活过,这些经历都不断丰富着他对数字化变革的亲身体验。20世纪90年代,萨尔德哈通过标准化手段提升业务效率,当时他向宝洁在亚洲的所有分销商提供了安装有免费订单处理软件的个人电脑。虽然当时个人电脑价格高昂,但宝洁因标准化而在提升运营效率方面获得的价值回报更多。2003年,他帮助宝洁管理着全球最大规模的IT外包交易,总价值超过80亿美元,促进了软件外包行业的发展。2005年,作为吉列的CIO,萨尔德哈领导并完成了将市值超过100亿美元的吉列与宝洁的信息系统进行整合。2009年,他在领导宝洁为中欧、东欧、中东和非洲等地区提供IT和共享服务的同时,开始创建新的数字化商业模式。由新技术支持的销售和分销系统在尼日利亚等地取得了比所有发达国家市场更好的业绩。

最近,宝洁正在利用第四次工业革命带来的指数型数字技术重构GBS的数字能力,并将利用萨尔德哈在数字化转型方面的丰富经验应对行业的颠覆性变革所带来的巨大挑战。在应对这一挑战的过程中,很明显,只有他能够战胜数字化转型项目高达70%的失败率,并保证转型取得成功。由于对数字化转型的深刻理解,萨尔德哈近年来关注的焦点不再是技术,而是保障实现成功数字化转型所必需的人类学和工程学的严密性。

目前,萨尔德哈在数字化转型方面为相关企业的董事会以及高管团队提供顾问服务。他在业余时间里还是一位受欢迎的演说家。萨尔德哈还为几家初创企业和风险投资机构提供咨询服务。他创立了一家区块链企业，帮助 IT 行业将那些颠覆性软件实现商业化。萨尔德哈之前在辛辛那提大学、印第安纳大学和得克萨斯大学担任 IT 顾问委员会成员。他曾是 Cloudera、Box 和 High Radius 等企业的客户顾问委员会成员。在非营利组织方面，萨尔德哈还是 INTERalliance of Greater Cincinnati 的创始成员，曾担任董事会主席，目前是 Community Shares of Greater Cincinnati and Remineralize the Earth 的董事会成员。

萨尔德哈和他的妻子 Julia 有两个女儿，他们一起居住在俄亥俄州的辛辛那提市。

推 荐 序

"托尼，怎么CNN的彼得·阿内特在他的公文包里放一个卫星天线，就能向全世界直播伊拉克战争的新闻，而我们在菲律宾的仓储系统和分销系统之间却还无法相互通信呢？"我问。

1935年，宝洁通过并购的方式进入菲律宾市场。1991年中，在海湾战争爆发后不久，我成为宝洁菲律宾分公司的总经理。但在那时候，我认为宝洁并没有展现出全部潜力。宝洁的仓库分散在菲律宾国内的7000多个岛屿上，因交通不便无法及时配送所有的用户订单。我们的仓库彼此之间无法保持及时联系，工厂之间也无法顺畅沟通。那时候，菲律宾电话公司花了好几年的时间才为我们安装上固定电话，而且当时的移动通信还相当不可靠。这就是我为什么挑战我们新的信息技术领导者——本书作者托尼·萨尔德哈，让他使用新技术来解决这个问题。

我一直认为数字技术能够带来竞争优势。我在高中时为IBM 360电脑写过二进制编码的程序。在西点军校，我学习了所有的计算机软件和硬件课程，并为霍尼韦尔的大型计算机编写了部分汇编程序，通过这个程序能够将Fortran IV转换成十进制代码。后来，作为宝洁公司的首席执行官，我为宝洁公司设定了一条数字化的发展道路，宝洁要成为《财富》500强中第一家"从头到尾实现数字化"的企业。《CIO全球情报》杂志（2012年4～6月刊）中的数据显示，宝洁已经实现了这一目标。麦肯锡公司将这一成就总结为"打造世界上技术能力最强的企业"。"宝洁公司每台电脑的桌面上都有一个定制的工具栏，每个人都可以实时查看自己的工作指标，并根据市场需要，按品牌和国别深入进行市场分析，以便了解市场动态，并迅速做出反应，以创造竞争优势。"我们称这个项目为"交响乐"，当时就是由托尼·萨尔德哈领导的。

正如各位所见证的那样，宝洁在20世纪80～90年代迅速实现全球化，我有幸置身其中，并亲自参与。宝洁所拥有的知名品牌，例如汰渍，在多个国家和地区，如加拿大、菲律宾、日本和比利时，都可以通过市场分类系统管理并识别出哪些区域市场处于领先地位。所有这些工作都让我相信，通过数字技术收集信息可以获得真知灼见，将数字技术不断拓展到更广的领域可以塑造竞争优势。要想利用数字技术的这一潜力，你需要在企业开展经营之前就着手准备数字化工作。如今，这种做法似乎有些不合时宜。数字化转型的问题不再是"是否转变"，而是"如何转变"。

托尼的这本书，基于他多年的实践经验和在世界各地的多次试验，为提高转型成功率提供了一种具体的操作方法和重要指导。

后来我成为退伍军人事务部的第八任部长，这是联邦政府中仅次于国防部的第二大部门。事实上，我之所以能当上部长，是因为一些工作人员对我的前任撒了谎——他们"做了假账"，这种行为导致凤凰城的退伍军人得不到及时的医疗保障。经过参议院批准，我上任后首次出差就是去凤凰城，我发现退伍军人事务部所使用的计算机居然还有1985年生产的，调度系统的操作体验就好像操作绿屏的 MS-DOS 系统一样差。除此之外，他们还使用 COBOL 系统来管理超过1850亿美元的资金预算。COBOL 系统是1972年我在西点军校编写的一种大型计算机语言。于是我聘用了一个曾经在强生和戴尔担任首席信息官的人来帮助我，通过使用数字技术来彻底改造退伍军人事务部。例如，根据以人为中心的设计原则，我们为退伍军人创建了一个网站来取代和整合之前上千个不同的信息系统，现在登录其中大多数系统仅需要一个唯一的用户名和密码。

托尼的丰富经验使他成为数字化转型方面的专家。在亚洲，他创造了一种新的模式，对我们的分销系统进行实时的数字化管理，而此前，由于当地的零售商经营规模太小，且相互差异巨大，宝洁无法直接为它们提供销售管理服务。如前所述，托尼所主导的"交响乐"项目将大量数据转换为实时决策，从而节约了时间成本并构建了竞争优势。在宝洁公司的中欧、东欧、中东和非洲分部，托尼通过实时分销商数据协同计划进一步优化了公司与分销商之间的联系。该计划可以提供每个店销售和库存的实时可视化信息，甚至可以做到我们在尼日利亚某小店的数据比沃尔玛的更清晰。随着托尼在宝洁内部步步高升，他将自己娴熟的数字化转型技能广泛地应用于整个公司。

我衷心地向每一位读者推荐这本书。托尼有近三十年的丰富经验，他还使用了航空业常用的检查清单方法，这绝对是独一无二的。它将使你避免重犯托尼和我犯过的错误，帮助你在数字化转型中战胜那高达 70% 的失败率，并帮助你不断为企业创造出竞争优势。

麦睿博

宝洁公司前董事长、总裁和首席执行官

退伍军人事务部第八任部长

前　言

2015年春季的一天，我和布兰特·迪奇——我在宝洁的一位同事和老朋友，一起总结刚刚与一家顶级咨询公司在电话会议中所交流的内容，这次会议的主题是"如何进行颠覆性转型"。当布兰特挂掉电话时，他低声嘟囔着说："要么是我们没讲清楚，要么是他们根本不懂什么是数字化转型。"

那是我们在三天内与各类相关机构进行的第十场电话会议，这些机构要么经历过成功的重大转型，要么已经有了一个富有成效的转型框架。

当时，我和布兰特正在尝试为宝洁的全球商业服务部门找到一种"如何实施"颠覆性转型的方法论，我们希望这种方法论必须能够获得成功，并且是可持续以及可推广的。经过一段时间的努力，我们逐渐意识到，尽管通过电话会议的方式可以获得一些有价值的信息，但我们可能永远无法通过这种方式找到正确答案。

四年过去了，我发现我们当时遇到的情况现在依然普遍存在。无论是高级管理人员、企业家、政府官员、学者还是普通员工，都已经意识到数字化能力带来的颠覆性力量。他们深知，对于他们来说，数字化既是显而易见的颠覆性威胁，也是他们面临的最大机遇。他们迫切地想要改变自己的工作和生活方式，但棘手的问题是："怎样做才好呢？"

或许你已经是一个将大部分时间、资金，甚至个人信誉都投入到数字化转型中的领导者，然而，总有些问题摆在眼前，让你觉得难以捉摸，虽然听说过很多数字化转型的成功案例，但这些案例无法为你的商业计划提供有价值的参考。更加让人焦虑的是，时间在分分秒秒流逝，商业领域、工业领域、社会领域，乃至日常生活中的变革无时无刻不在发生。一些知名企业，例如西尔斯百货、梅西百货、尼曼、蒂芙尼和哈雷－戴维森等，都还在转型的路上步履蹒跚地艰难前行。在应对数字化转型这一生死攸关问题的过程中，作为企业领导者，我们的决策会对企业产生重要的影响。最终，要么落败，要么成功。

我始终坚信每次变革都是机遇。从这个角度来说，数字化转型是一个历史性机遇。在宝洁长达27年的职业生涯给我提供了大量的相关经验和丰富的经历，例如在部分非洲国家采用人工智能技术实施数字化销售，以及在全球范围内实施供应链信息化管理等。这些经验使我能够站在行业最前沿，主导多个价值数十亿美元的外包订单和核心组织变革项目,这些项目能够塑造行业未来的发展。例如,我在吉列公司做首席信息官时,经历过宝洁整合吉列信息系统的项目,宝洁并购吉列的规模超过了100亿美元。这些经历为我提供了独一无二的视角来解读企业应该如何面对生命周期中最为重要的变革管理问题:实现核心业务的完全数字化转型。

因此,我和布兰特没有因电话会议缺乏洞察力而感到气馁,相反,我们召集了更多的会议。在接下来的几个月里,我们与100多个实体机构进行了交流,交流对象包括行业分析师、战略合作伙伴、研究机构、大学、同类型企业、风险投资人、创新加速器等。结合这些交流中的闪光创意和我们长期在宝洁工作获得的第一手经验,数字化转型的概念逐渐变得清晰起来。第一,转型有不同的类型,而你需要在这个充满颠覆性的时代瞄准和聚焦一个完全彻底但又合理有效的转型目标。第二,超过70%的数字化转型失败了,但令人意外的是,失败的原因居然是缺少指导准则。第三,通过采取有效的措施能够规避失败,例如采用航空业的检查清单模型,有可能显著地提高转型成功率。

如果你是一位商业领导者、一位企业家、一位高管人员或一位人事部门经理,如果你在公司、政府、学术机构或者非营利组织工作,如果你相信数字化转型是我们这一代人面临的终极挑战,坚信关于数字化转型的问题不是"是否转型"而是"如何转型",如果你希望了解其他组织和不同年代的人是如何应对数字化转型问题的，那么你会对本书感兴趣。

因为我们一起参与了宝洁在 2015 年之后实施的共享服务数字化转型计划，所以布兰特总是开玩笑地说，也许应该记录下我们是如何具体推进的。"写一本书！"他说。我意识到他在开玩笑，"我来写吗？"我回应说，"我是绝对不会写书的。"

看来这句话当时说得有点草率。

如何阅读本书

本书适用于那些已经充分认识到数字化转型的紧迫性，并愿意提高转型成功率的企业经营人员。本书能够帮你设定一个与数字化转型相关的合理目标，当此目标实现时，数字化就会成为企业的"活力 DNA"。此外，本书还会提供一套准则检查清单，以帮助你精准地实现转型目标。

本书的内容基本按照数字化转型五阶段路线图逐一展开。第一部分是基本环境，首先介绍了宝洁全球商业服务部门面临的困境，这种困境驱动了此后持续不断的数字化转型；然后介绍了数字化转型五阶段路线图和实施成功转型的步骤。第二部分详细介绍了数字化转型的五个阶段，每个阶段都分成两章，分别阐述该阶段最重要的两个准则，这些准则对于成功转型来说必不可少。第三部分重在介绍如何把所有的准则整合在一起，系统地应对第四次工业革命带来的威胁。

写作本书的目标是为应对数字化转型的挑战提供一种可行的、经得起检验并且可信赖的工具和方法。本书的末尾附有准则检查清单和使用五种指数型技术的建议。我想你肯定会发现这些工具能够派上用场。但是，这些内容受到出版形式和图书尺寸的限制，如果你想了解更多的案例、工具和资料，或者与本书相关的内容更新，可以访问我的个人网站：www.tonysaldanha.com。

Why Digital
Transformations Fail

第 一 部 分

为什么数字化转型会失败

第 1 章

如何在新工业革命中求得生存

"我真的不喜欢购物!"我暗自想。当时我站在辛辛那提市中心的一家梅西百货门口,它刚刚停业不久,然而我的内心焦虑不安。坦白地讲,即使在我心情最好的时候,我也不喜欢购物。然而,这次比以往糟糕了一千倍。或许你能回忆起印第安纳·琼斯在电影《夺宝奇兵》中的那副表情,当时他把火炬扔进灵魂之井,刚想要跳下去,却发现井底有东西在蠕动——井底有数千条蛇,多得根本看不到地面。"蛇,"他说,"为什么是蛇?"我怀疑我当时的表情与印第安纳·琼斯一样痛苦。在电影里,萨拉(印第安纳的搭档)说了一句毫无帮助的话:"啊!非常危险,你先下去。"这通常是我应付购物的方式——把同样不喜欢琐事的妻子推到前面。

但那天我不能再使用"我就在你后面"这种办法了。我当时的任务是给妻子购买一件周年纪念礼物，纪念日就是那天。作为"我就在你后面"方法的替代，我带了所有与购买礼物相关的材料，或者说我认为所有有用的材料。我记得，我们之前来这家店时偶然看到了那件礼物。我清楚地知道妻子喜欢它，更糟的是，我曾暗示愿意把它买下来作为周年纪念礼物。在事情需要完成的当天，我计划在下班回家的路上把它买下来。

但当我到达那家商店的时候，商店关门了，而且是永久停业。我忽然想起来，就在几个月前，梅西百货集团发布声明称计划关闭一百多家门店，辛辛那提市中心的梅西百货就是其中之一。我赶紧去网上搜索，希望能在其他零售店找到我需要的礼物。我的确找到了，但即使在现今这个无所不能的时代，礼物也不是直接存放在实体商店里。我必须先在线订购，然后到商店里去取货，时间是五个工作日之后。"保证按时送达"，页面有这样的承诺，好像它在我购物的最后一分钟帮到我了一样！

当我带着周年纪念礼物的提货单开车回家的时候，我反思了"零售业大灾难"[1]这一现象。这一名词频频被媒体提到，用来描述北美实体零售商店的大量关闭。我回到家后忍不住对这一现象发了一通牢骚。

零售业大灾难：第四次工业革命的表征之一

房地产公司Cushman & Wakefield估计，2018年美国约

有12 000家零售店关闭，其中包括数个申请破产的知名品牌连锁商店。这一数字在2017年是9000家。2018年，西尔斯百货、Mattress Factory、Brookstone、Rockport、Southeastern Grocers、Nine West和Bon-Ton等零售商都在申请破产。[2] 在此前的两年里，排在破产企业名单前列的品牌有反斗城、玮伦鞋业、HHGregg、the Limited、Aéropostale、Sports Authority和Radio Shack。目前这些零售商依旧身处困境，它们通常和能源企业一起排在美国破产企业名单的前列。投资百科把2018年称为"零售商破产年"。[3]

无论是在美国还是在其他国家，零售业都是受冲击最严重的行业之一。众所周知，媒体、通信、酒店、汽车、金融、医疗、消费品、教育、制造业和物流业正在遭受冲击，并且这还不是受到影响的全部行业。如果进行更加细致的观察，你会发现，我们的生活、工作和社交方式正在发生范围更广的变革。这就是第四次工业革命。

第四次工业革命通过数字技术变革，把物理学、生物学、化学和信息世界融合到了一起。它代表着一种力量，推动社会各个领域的大发展——囊括所有方面，从便利性（例如网上购物）和改善健康水平（例如生物技术）到个人安全（例如数字化家庭）和食品安全（例如农业科技）等。数字技术将人们从枯燥的工作中解放出来，使人们有机会转移到能产生更高附加值的岗位上去。任何有影响力的新技术，都可能有破坏性的应用（例如武器、基因编辑、个人隐私泄露、网络暴力）。如何使应用新技术的收益超过其造成的损失，这取决于我们每一个人的努力，然而，将会产生何种结果尚未可知。但是，有一件事情可以确定：新技术会带来巨大的变化。在前三次工业革命中，个体和社会都受到深远的影响，而企业要么转型，要么破产。本书就从这里展开。

如何在一场工业革命中保持繁荣发展

本书聚焦如何理解数字化转型的失败，以此来回答如何在一场工业革命中保持繁荣发展。这需要五个基本的认识基础。

- 在工业革命中，企业要么转型，要么破产。
- 面对第四次工业革命，数字化转型是我们当下的目标。
- 超过 70% 的数字化转型失败了。
- 令人意外的是，数字化转型失败的原因是缺乏定义转型的准则及转型的步骤。这些步骤可以启动和保持企业的数字化转型。
- 采用航空业和医药业惯用的检查清单方法能够帮助改善当前 70% 失败率的困境。

在第四次工业革命中保持繁荣发展并不是一件容易的事情，但这也不是不可能。从我在宝洁的工作经历来看，我们当然可以取得比现有的 70% 失败率更好的结果。[4,5] 我们设立的目标值得我们为此努力。对公司和员工来说，危险的环境并不仅仅是一种威胁。这种危险也能塑造出新产品，影响员工和消费者的自我价值，促进社会进步，让世界比我们采取行动前的那一刻更加美好。下面我们阐述上述的认识基础。

历次工业革命都引发了行业动荡

当前零售业和其他行业的动荡状态是工业革命的典型态势。尽管在以往的历次工业革命中，创新的驱动力量各不相同，但类似的行业动荡都曾经发生过。许多公司挣扎过，但它们还是在工业革命的过程中消亡了。尽管那些富有声誉、富有远见和极具创新力的领导者在推动各自企业转型的重任上付出了极大努力，但失败依然司空见惯。我们会在之后的章节中看到，类似的情形在以往的工业革命中不断发生。残酷的现实是，只有极少部分企业会获得成功，大多数企业都失败了。

超过70%的数字化转型都失败了

正如前文所提到的，数字化转型是为了应对第四次工业革命所带来的极具颠覆性的威胁所做的斗争。《财富》500强名单上的企业超过半数会在下一个10年濒临破产。新工业革命带来的颠覆是巨大的并且迫在眉睫。瑞士银行的数据显示，[6] 标准普尔（S&P）500中的企业的平均寿命从20世纪50年代的60年下降到了现在的20年，并且这一数字仍然呈快速下降的趋势。企业家、董事会、高级管理人员和上市企业等正被这一现实所折磨。然而，令人难以接受的事实是，即便是现在，依然有超过 70% 的数字化转型失败了。有些机构认为这一数字可能高达 84%。[7] 居然有如此高的风险，这实在是一个惊人的数字。我们必须做得更好！

语言成为数字化转型的阻碍

当今时代，新工业革命的高度颠覆性和数字化转型的低成功率并存值得深思。导致这一问题的部分原因便是"术语"。大部分人还没有意识到数字化颠覆其实就是第四次工业革命，或者说第四次工业革命的颠覆性影响就是数字化颠覆，两者本质上相同。"数字化"这一概念的内涵非常广泛。我们在 20 世纪 70 年代就已经戴着电子手表，近几十年来我们一直用着智能手机和电子体温计。数字化转型难道不是早就已经到来了吗？

为了给"数字化转型"下更具体的定义，我们需要为它勾勒出一个背景，先来看看以往的工业革命对我们的生活造成了哪些深远影响。

- 第一次工业革命：主要发生在 18 世纪和 19 世纪，由农业社会向工业社会和城市化发展。主要是由机械的创新驱动的，例如蒸汽机。
- 第二次工业革命：从 19 世纪末到第一次世界大战前，工业的爆炸性增长。主要是由大规模生产技术、电力和内燃机驱动的。
- 第三次工业革命：从 20 世纪 80 年代开始，个人电脑和互联网带来了广泛的变革。新的电子信息技术为其提供了技术基础。

- 第四次工业革命：当前物理学、信息化和生物学的融合。其主要驱动力是大型计算能力。使用大数据技术和大型计算能力的成本逐渐降低，且还在进一步下降，因此，曾经的实体店（例如零售店）可以转变为数字化的网店（例如网购），或者曾经的传统生物学领域（例如传统药物）可以转变为生物科技领域（例如个性化的基因药物）。

在这一背景下，定义"数字化颠覆"和"数字化转型"就非常容易了。

- 数字化颠覆：第四次工业革命对企业和公共部门造成的深远影响，以及广泛获得应用和成本迅速降低的数字技术正在引发工业、经济和社会领域广泛而深刻的变化。这种爆炸性的变革仅仅发生在过去的一二十年间。
- 数字化转型：企业和社会正在从第三次工业革命时代向第四次工业革命时代迈进。对企业来说，这意味着数字技术将会成为新的产品和服务、新的运营方式以及新的商业模式的核心。

在明确了数字化转型的定义后，我们现在来了解一下以往工业革命的经验，以及它们给解决数字化转型失败这一问题带来何种启示。

约翰·斯蒂芬森公司转型的无奈

受人尊敬的约翰·斯蒂芬森公司（John Stephenson Company）在第二次工业革命中破产，这家公司是当时运输业的领头羊之一。它的破产不是个例，只有极少数运输公司活过了那个时代。运输业从马车向汽车的蜕变是第二次工业革命中记录最完整的案例之一，提供了引人深思的视角。

19世纪，马匹和马车业并不仅仅是个独立的运输部门，它支撑着工业运输（例如商品）、信息交流（例如报纸和信件）和相关产业（例如饲料）的发展。1880年，仅布鲁克林和曼哈顿就有249家马车制造商。[8]如果这个行业发生震荡一定是一件大事。

19世纪90年代，纽约的时代广场就是出售和修理马车的地方。马车商店与铁匠铺比邻而居。据估计，1914年美国大约有4600家马车公司。在接下来的11年里，这个数字急剧下降为不到150家！[9]不幸的是，约翰·斯蒂芬森公司不在幸存公司之列。

1831年，约翰·斯蒂芬森开始了他的商业生涯。在接下来的几十年里，他的经营领域迅速扩展到了制造马车、多用途车厢、货车车厢、有轨列车车厢（在铁轨上行驶的车厢），甚至在南北战争期间制造过炮架和浮桥。英国、墨西哥、古巴、南美洲、欧洲、俄罗斯东部、日本和东印度都有约翰·斯蒂芬森公司制造的马车出售。和其他企业一样，约翰·斯蒂芬森公司的生意随着经济形势而起落。但是，斯蒂芬森的运筹帷幄使该公司在马车市场中保持着很大的份额。到19世纪末期,在第二次工业革命中,运输业进入了动荡的时代。约翰·斯蒂芬森公司最终宣布破产,1904年被位于费城的J. G. 布里尔公司(J. G. Brill Company)收购,被收购后经营活动也没有持续很久,1919年8月再次被出售,公司最终被破产清算。

像约翰·斯蒂芬森这样的公司,为了避免在一场工业革命中破产而做出的努力,为我们提供了一些经验和教训。它们的失败可能是由不同的技术(即活塞发动机的发明,那时候还谈不上数字化)引起的,但任何工业革命过程中的失败转型都有一些相似方面。

例如,约翰·斯蒂芬森公司的破产能够帮助我们识别,在工业革命中,谁是现有商业模式的成功创新者,以及如何向新的商业模式进行转型。约翰·斯蒂芬森公司在马车业中非常有创新力,它在美国建立了第一条可以在城市道路运行的有轨列车线路。它至少拥有18项专利,从多功能的马拉巴士到马拉铁轨货车,再到街头有轨列车,约翰·斯蒂芬森公司在商业模式和产品设计方面进行过多次成功的创新。但问题的关键不是约翰·斯蒂芬森公司在马车时代的创新能力,而是它转型到内燃机时代的无力感。它没有为从马车行业向汽车行业转型做好准备,并建立起相关准则。

如果想在一场工业革命中迈开转型的步伐,你就需要采用全新的商业模式和竞争战略,而这种商业模式的构建是在一些准则

> 工业革命期间的转型需要完全不同的商业策略,而不是基于现有商业模式的渐进创新。

的指导下进行的。约翰·斯蒂芬森公司的经历在马车行业中司空见惯。话说回来，创造出一种全新的商业模式和竞争战略仅仅是个开始。正如我在下一个案例中提到的，在一定准则的指导下执行竞争战略同样重要。

斯蒂德贝克公司无力领跑转型

对大多数老爷车收藏者来说，斯蒂德贝克（Studebaker）在他们心中有非常特殊的地位。斯蒂德贝克汽车是那个时代的"苹果"——设计出众、质量上乘，并且有可能比今天的苹果产品还要昂贵。20世纪50年代生产的斯蒂德贝克汽车到现在依然被认为是历史上最好的汽车之一！

斯蒂德贝克公司也是唯一一家实现直接从马车制造商向汽车制造商成功转型的大型企业。

斯蒂德贝克公司早在1897年就有一位专门从事汽车专业工作的工程师。它在20世纪初期就可以同时大规模生产汽车和货车车厢。这家公司对电力动力汽车和燃油动力汽车都进行了实验制造，并最终选定后者进行生产。1920年，斯蒂德贝克公司停止生产马车车厢，[10]而开始专注于生产汽车。

但是我们知道，现在斯蒂德贝克公司已经不生产任何汽车产品了。尽管斯蒂德贝克公司成功转型进入了汽车时代，并且可以说曾经生产过那个时代最好的产品，但它一直没有形成可实现规模化生产和产生持续利润的商业模式。斯蒂德贝克公司一直生产到 20 世纪 60 年代，其在加拿大安大略省汉密尔顿的工厂于 1966 年关闭，最终终结了其 114 年的经营历史。

斯蒂德贝克公司成功转型进入了汽车行业，但没有在行业竞争中获胜。斯蒂德贝克公司缺少一个长期的计划，从而无法为客户提供不断发展的、可执行的价值主张。例如，它的董事会一贯倾向于向股东支付大额分红，而不是在工厂现代化方面进行再投资。[11] 它的竞争对手通用和福特在生产效率与定价方面的策略都激进得多，并因此在市场中获胜。[12]

在一场工业革命中实现成功转型仅仅是一个好的开始，富有远见的市场领导者需要看得更远。

> 真正的转型必须建立长期领先于竞争对手的核心能力。

他们需要构建一种新的商业模式，如果新的商业模式没能以一种持续发展的思路建立起来，那么这种转型就是不完整的。

如何在一场工业革命中起步并领跑

约翰·斯蒂芬森公司的转型失败于起步之时，而斯蒂德贝克公司失败于未能领跑。长期来看，最关键的是这种能力：一种接近于"禅"那样的永续创新领导力，我称之为"五阶段"数字化转型。我将会在接下来的章节中进一步介绍什么是数字化转型五阶段路线图，这一路线图及一些能够帮助你获得成功的准则就是本书要介绍的主要内容。在这里，我们需要强调谨慎设定目标的重要性。谨慎设定目标有助于完成五阶段转型或取得持续的商业胜利，后者正是任何转型都期待达到的最佳结果。工业革命带来的颠覆性力量是反复性的，转型不能一蹴而就，也不能毕其功于一役。区分转型的起步和领跑阶段是关键。

转型起步（transformation takeoff）：对企业来说，这是其在工业革命中成功进行经营模式代际转变的临界点。用一架飞机来比喻的话就是，企业的经营模式从一种状态（地面滑行）转向了另一种状态（空中飞行）。约翰·斯蒂芬森公司在这一阶段失败了。

转型领跑（staying ahead）：依然用飞机来比喻，在成功起飞之后飞机必须保持飞行状态。斯蒂德贝克公司没能到达领跑状态。这是取得成功的最后一步。到达这个阶段在短期内可能会取得良好的效果，但在快速变革的时代，到达领跑状态并不能保证公司能够持续经营下去。到达这个状态的特征是，你发明了能够避免被颠覆性力量淘汰的某种技术，或者生产出某种产品，或者改变了某种商业生态。

数字化转型有两种失败的可能。缺少指导准则导致了第一种，失败在起步阶段；第二种是失败在保持领跑阶段。失败者会以全盘崩溃而告终。

宝洁全球商业服务部门的转型经验

到 2015 年初，我已经在宝洁工作了 24 年。作为经营规模达千亿美元的全球商业服务（Global Business Service，GBS）部门的副主管，我有幸参与了帮助宝洁实现行业领先的 GBS 业务的全过程。GBS 部门能够为全球商业组织提供各项服务，包括人力资源、金融、制造系统、营销和销售系统以及信息技术等。宝洁的 GBS 明显领先于同类企业，并且影响了全球商业服务产业的演化过程。但这并不是宝洁在第四次工业革命中取胜的保证。下一章将会提及我们做出决策时的环境，这些决策使我们进行主动性颠覆。下一章也介绍了我们所采用的方法。正是那次经历使我开始思考如何成功进行数字化转型。

初期，我脑海里最大的问题是如何进行一种能够持续或永续的转型。已经有一些先驱者尝试在 GBS 中推行颠覆性创造，并已产生了一些很好的创意，但还远不能驱动整个行业实现持续的大规模转型。我们的目标是在起步和领跑阶段均取得成功。

在数字化转型中如何起步并保持领先？一些令人意外的答案

如何有效地进行规模化创新，这一艰巨的任务把我带到了一个令人着迷的视角。碰巧我喜爱飞机，好吧，说实话，我是一个飞机极客。我注意到，宝洁的 GBS 为了成功进行数字化转型，将整个计划划分成了几个阶段，而这些阶段像是一架飞机想要成功起飞所要采取的步骤。

我很希望这个想法是一个独到、出色的见解，但现实与此相反。几个月前，有人向我介绍了阿图·葛文德（Atul Gawande）博士的开创性作品《清单革命：如何持续、正确、安全地把事情做好》(The Checklist Manifesto: How to Get Things Right)。这本书帮助卫生保健业减少了大量的失误。葛文德博士的前提假设是一针见血的——一份清单能使复杂的行动取得重复性的成功。我意识到采用准则化的方法，即将航空业的检查清单方法应用在另一个领域以减少失败不是什么新奇的想法。但从另一个角度来说，卫生保健业已经对这一做法做出了有力的证实，这种方法应该也能在数字化转型领域使用。

实现成功转型令人意外的答案之一是准则——既包括起步阶段，也包括领跑阶段。

GBS 变革倡议发起的三年来，如何实现持续数字化转型的答案变得如同水晶般透明，即在一定准则的指导下实施战略转型。在航空业以及最近在医疗行业得到验证的可靠性问题解决方案，都支持这一答案，即坚持准则的指导能够降低数字化转型失败的概率。

这在逻辑上讲得通。《经济学人》杂志的数据显示，99.999 999%[13]

的飞机起飞都是成功的，但仅有 30% 的数字化转型能够获得成功。这是因为采取的数字化转型措施涉及更多更复杂的判断吗？答案是：绝对的！但是，99.999 999% 的起飞成功率在航空业的起步发展阶段也只是白日梦。之所以现在会有这么高的成功率，是因为数十年来人们做了大量的工作，把原本以个人判断为基础的任务转化成了更为简单的例行性工作。各种各样的技术被应用于起飞过程，许多工作得以自动完成；不能自动完成的工作已经被清单化，从而能够按照准则得到执行。

本章小结

毫无疑问的是，正如历次工业革命一样，第四次工业革命将会剧烈地改变行业发展前景。历史已经证明，那些在工业革命中失败的企业并不都是因为措手不及。像约翰·斯蒂芬森和斯蒂德贝克这样的公司，它们通常能够看到颠覆性力量的来临，甚至进行了一次或者两次成功的转型。但它们的转型最终失败了，或是输在了起步阶段，或是输在了领跑阶段。高达70%的数字化转型失败率的根本原因是缺少有效的指导准则。这些失败的企业在数字化转型的起步阶段和领跑阶段所采取的行动普遍不够缜密。

这种准则可以用检查清单的模式来描述——该方法已经成功地应用在航空业和医疗行业。为了践行这种检查清单模式，本书提供了一个五阶段路线图，以帮助你在数字化转型中取得成功，也就是在第四次工业革命的竞争中获胜。

第 2 章

五阶段转型路线图的指导准则

2015 年 1 月,宝洁的全球商业服务(GBS)部门新上任的总经理胡里奥·内梅斯花了很长时间来思考一个关键问题。他接管的部门从任何指标来看都是一流的。他的前任菲利普·帕塞里尼留下了一个非常令人羡慕的、在全球享有盛誉的 GBS 部门,它在自身发展壮大的同时也深刻影响了 GBS 业态。

内梅斯的问题很简单:如何进一步改善一种正在引领行业发展的商业模式。外部咨询顾问建议他"做更多同样的事情",因为当前的宝洁模式显然已经非常出色了。然而,作为一个变革者,他知道,故步自封一定是从强势地位衰落的开始。

共享服务业的背景

为了更好地理解内梅斯的困境，我们暂时离开本书的主题，来介绍一下共享服务业和宝洁 GBS 部门的有关情况。

共享服务是通过构建服务平台，使企业通过内部服务共享实现规模效率，这些内部服务包括财务和会计、供应链管理、人力资源系统、IT 服务以及企业间的客户关系管理等。共享服务部门作为企业内其他部门的服务提供者，可以帮助企业显著改善支出，并提升质量和及时性等。共享服务部门通常采用的策略是，将企业内部各个业务部门相似的业务流程集中到一起（例如工资清算），然后将这些业务流程简化、标准化、集中化、自动化。

共享服务的发展

在过去的 30 多年间，大多数共享服务组织经历了三个发展阶段。通常来说，第一阶段是碎片化的共享服务，即只提供有限的服务（例如只有财务和会计），或者在有限的区域范围内提供服务。随着发展日渐成熟，共享服务进入第二阶段，即全球范围的或全领域的共享服务。在这个阶段，所有类型及跨区域范围的共享服务都能实现最优化。第三阶段是全球商业化服务。在这一阶段，共享服务部门不仅仅是向业务部门提供低成本服务的"服务提供者"，也是推进企业进行转型的重要部门。转型任务包括承担更多的治理职能（例如为所有业务部门制定流程标准），提供引导业务部门转型的服务（例如协助其他业务部门进行数字化），以及提供实现价值最大化的服务（例如使用分析方法来提高销售额）等。

宝洁的 GBS 部门在十几年前就已经发展到上述的第三阶段。它的覆盖范围极广，可能是世界上覆盖范围最广的 GBS 部门之一。它为分布在超过 100 个国家的宝洁业务部门提供大约 160 种"服务"。这些"服务"包括固定资产管理、工资清算、销售业务分析等，它们被归入"服务线"类别，例如 IT 服务、财务共享服务、供应链共享服务等。

共享服务也适用于第四次工业革命

内梅斯并不认为共享服务业的发展应止步于第三阶段。他深知数字化变革的颠覆性力量。他在思考有没有可能创造 GBS 新的发展路径，向第四阶段推进。这一假设不仅适用于宝洁，也适用于整个业界。他邀请我与他共事，我们一起创造了下一代服务（Next Generation Services, NGS），以探索并颠覆既有的共享服务模式。

那时，我已经在宝洁工作了 24 年。在此期间，我有幸在六个国家居住过，曾在宝洁的 12 个岗位工作过，管理着宝洁全球各个大区的 GBS 和 IT 部门。我很高兴有机会参与 GBS 模式转型工作。

创造下一代共享服务模式

我们从一个简单的问题开始：为什么技术驱动的颠覆性力量几乎影响了所有行业，却没能颠覆共享服务业？考虑到共享服务主要由信息和数据操作（例如会计、工资清算、IT 等）构成，如果有可能产生什么颠覆的话，共享服务的功能应该会被颠覆得更快、更彻底。

开展数字化转型的四年来，我们意识到一个事实，那就是共享服务的确会向第四阶段发展。基于我在宝洁 NGS 的工作经历，我们创造了数个"10X 创意"内部创新产品（即能够提供 10 倍销售业绩或净利润的产品）。在这一过程中，我们形成了大量有关领导成功实施数字化转型的认知。我们把最初通过直觉或者试错完成的工作都进行了整理归档。所有这些经验构成了出人意料的"准则"的基础，这些准则能够指导数字化转型中起步以及领跑阶段的工作。

然而，回到 2015 年，GBS 向下一阶段实施数字化转型仅仅是一种假设。我们在外部搜集能证实或证伪这一假设的证据。这一过程把我们的关注点引向了萨利姆·伊斯梅尔（Salim Ismail），他是奇点大学的创始执行董事，也是《指数型组织》（*Exponential Organization*）[14] 一书的作者。

GBS 最终的发展阶段可能就是指数型组织

大约就在我们不断寻找方法并探索如何创造下一代共享服务模式时，宝洁的 GBS 领导团队参加了萨利姆在奇点大学主持的一场有关指数型组织的座谈会。2008 年，雷·库兹威尔（Ray Kurzweil）和彼得·戴尔蒙迪斯（Peter Diamandis）创办了奇点大学。在我看来，这所大学是世界一流的新科技智库，主要研究一些颠覆性技术如何改变世界，这些技术包括从人工智能到生物技术等。萨利姆后来离开了奇点大学，但他和我依然坚信，任何有前瞻性思维的领导者都愿意到访奇点大学，并探讨各自领域的未来变化，因为他们都不愿错失这样的机会。

萨利姆的论调是令人震惊且令人恐惧的。他讨论了在新一代科技的驱动下，变革正在以指数级的速度发生。他所谈及的最令人关切的内容是让听众意识到这些颠覆性力量有多么强大和迫近。这加强了我们的转型信念，即 GBS 必须演化到下一个阶段，而且速度还要更快。

萨利姆不只是在他的听众中引起了强烈恐慌，基于他的《指数型组织》一书，他也提供了一种很有见地的视角，来描述未来企业演化的一种最终状态。这一视角为我们提供了最重要的一块拼图碎片。宝洁的 GBS 必须转型成一种指数型组织。我们决定邀请萨利姆来帮助我们建立 NGS——推动宝洁的 GBS 进一步演化。

指数型组织如何改变世界

萨利姆定义了什么是指数型组织。因为采用了新的组织方式，即利用了指数型技术，相较于同类组织，这种组织的影响力（或者产出）呈现指数级增长——至少 10 倍的增长。在即将到来的数字时代，有指数型特征和指数型意识的公司蓬勃发展并占据了行业最佳位置。这是因为，与传统的指令型或控制型组织不同，指数型组织是数字化的，是以信息为基础的机构。传统企业的发展动力来自其所控制的稀缺资源，而指数型组织的繁荣是基于更丰满的商业生态创造价值。传统企业行动缓慢。指数型组织灵活、适应性强、反应迅速，几乎能够跨越任何行业壁垒，并得以爆炸式增长。

为什么指数型组织是必要的

尽管我们知道了指数型技术能够为企业转型提供动力，但我们很容易忽视迫在眉睫的威胁和这些威胁会对企业造成多大影响。

这里有几个例子。

- 每1000美元能买到的计算能力呈指数级增长。到2023年，能用1000美元买到相当于一个人类大脑的数据处理能力！考虑到人类大脑的复杂性，这会是一个巨大的里程碑。
- 再过20年，将能用1000美元买到相当于全世界人类大脑的运算能力。想象一下那会怎样改变公司的人力资源状况。
- 2018年3月，IBM展示了世界上最小的计算机，它只有1毫米大而且规模生产的成本只有几美分。作为回应，密歇根大学在当年6月展示了他们设计的小型计算机，只有IBM计算机的1/10大。
- 谷歌公司最新版棋手AlphaZero，在四个小时里就教会了自己如何下国际象棋，并以100∶0的比分打败了世界上最好的国际象棋程序Stockfish 8。它在这之前已经打败了世界上最好的围棋选手AlphaGo。

这与企业实践息息相关。想象一下，如果大规模制造商能在它们生产的每一个产品中放置一个成本极低的小型计算机，覆盖从供应商到消费者的全产业链，这会对它们的供应链效率产生何种影响？或者，思考一下这种可能性：具有自我学习能力的人工智能（AI）程序对复杂的财务、用户、物流、医药或者法律问题进行快速学习，从而做出现在还需要经过人工"判断"的决定。如果未来你能买到相当于全世界人类大脑的计算能力，未来的工作场所将会是什么样？或者，如果当前"无法破解"的区块链技术能够连接所有供应商、用户和同行企业，并且以极低的成本实现无差错交易，企业的运营将会发生怎样的变化？

创造下一代共享服务的可能性

在短短几天之内，我们就建立起了 NGS，并与包括顾问团队、同行公司、风险投资者、初创企业、教育机构和未来主义者在内的超过 100 个外部组织进行交流，研究开展"10X 创意"的可能性。第二个月的工作有点像坐过山车，既令人激动又有点令人害怕，还伴有那种让人恶心难受的周期性颠簸，因为我们不断发现现实中数字化应用的新实践，这些实践让我们怀疑数字化变革发生的时间是否比我们原本预想的要早，甚至更早。

2015 年 4 月发生过这样一件事。我当时正通过电子邮件与 AJ. 布鲁斯坦确认一个会议的时间，他是一家名为 Wonolo 的初创公司的 CEO。我给 AJ 发了一封电子邮件，提议我和另一位宝洁的同事与他进行一个电话会议。AJ 回复说："听起来不错，邮件也请抄送给艾米。"他将邮件转发给了艾米·英格拉姆，我猜艾米大概是他的助手。那是在 4 月 10 日，一个星期五。为了确认时间，我给他和艾米回复邮件说"谢谢，AJ，我下周都在出差，或许我们可以下下周联系"，并且把邮件抄送给了我的行政助理吉姆。当天晚

些时候，我们收到了一条来自艾米的消息："很高兴 AJ 的日程表上又增加了新内容。4 月 20 日，星期一，太平洋夏令时（PDT）上午 11 点可以吗？或者，AJ 在 4 月 20 日下午 4 点和 4 月 21 日（星期二）上午 10 点也有时间。我会在会议前开启拨入功能。"吉姆选择了一个时间段，并通过邮件回复，会议时间就确定了下来。那只是办公室里非常平常的一天。然而，第二天，一位收到了抄送邮件的宝洁同事让我注意一下艾米邮件里的电子签名。上面写着"艾米·英格拉姆 | AJ. 布鲁斯坦的私人助理"，再往下，还有一行小字，"x.ai——负责安排会议的人工智能"。原来艾米是一个机器人！

我震惊了！对我来说，那是一个"图灵测试"式的时刻——这个测试在 1950 年以艾伦·图灵（Alan Turing）命名，是人类对机器发出的挑战，受测试的机器展示出与人类行为无法区分的智能行为。我们仔细解析了艾米的回复，她的邮件是用完美的商业语言写成的。"她"能够清晰地"阅读"并"明白"我在 4 月 10 日发出的邮件，我当时说我下周没有时间，因此她建议的会议时间是 4 月 20 日或 21 日。

如果一个机器人能处理极具个性化特征的行政服务，那为什么人工智能技术不能应用于供应商及用户需求管理领域，在应收账款和应付账款的处理中做出所谓的"以判断为基础的"财务决策呢？为什么我们不能用人工智能"伙伴"来为我们的用户提供有关供应商、材料、价格趋势、支付的最新信息以及基于这些信息的建议和决定呢？难道我们不能重新定义从石器时代到 Siri 时代企业信息系统的用户体验吗？我们能不能在宝洁的全球网络中预知并主动自我修复大多数的 IT 系统故障？人工智能算法能不能实时重新规划我们的供应链管理？

好戏就要开场了！然而，我们接下来还有一个小问题要处理：我们究竟怎样才能够做到这些呢？

一张数字化转型的路线图

2015 年初我们的处境与当前大多数高管、企业家和公共部门领导者的处境一样糟糕。怎样才能进行成功的数字化转型？一项研究显示，[15] 对大多数 CEO 而言，转型是第一要务。Gartner 公司所做的另一项研究[16] 显示，半数 CEO 希望他们从事的行业能够整体地、默默地实现转型并融入数字经济时代。现在的问题不再是是否要转型，而是如何转型。然而，虽然人们对数字化转型重要性的理解正在加深，但是成功转型的实际结果并不乐观，两者之间越来越大的落差使挫折感不断积累。

宝洁及其 GBS 部门已经与颠覆式创新共处了很长时间。我们知道，进行真正的数字化转型并使企业到达一个能够持续创新的阶段的成功率很低。我们早就听说了数字化转型失败率达到了 70%，并且已经切身感受到实施转型带来的痛苦。

我们需要的是一张具体的路线图——能清晰地描述并衡量何谓成功的数字化转型，并且能够带领我们一步步前进。随着时间的推移，我们设计出了这张路线图，并构建了准则化的执行模式，这一模式是受航空业准则检查清单的激发而产生的。

迄今为止，这张路线图已经在引致颠覆性结果方面取得了极大的成功，并且又被应用于 NGS 内部正在实施的 25 个颠覆式创新试验项目。颠覆性项目在 NGS 内部被称作"试验"，这当然是一种商业语言的表达，"试验"这个名字能够向各个利益方传递风险信号。虽然这一路线图已随着试验内容和运营时间而演化发展，但它依然能给我们提供一些严谨的准则（即检查清单的步骤）来保障我们能够取得成功（即到达转型的第五阶段）。

数字化转型五阶段路线图

我们在第 1 章中将数字化转型定义为，企业从第三次工业革命时代向第四次工业革命时代迈进。第 1 章中同样阐明了为了能在新工业革命进程中保持蓬勃发展的态势，企业实施转型要能够帮助自己实现起步和领跑。因此，从转型逻辑来说，成功的数字化转型的唯一终点是到达能够通过创新获得持久市场领导地位的最终阶段，也就是数字化转型的第五阶段。

企业应牢记数字化转型的正确定义，这样可以避免受到信息技术供应商和咨询顾问的干扰，他们总是喜欢以"数字化转型"来冠名自己的产品。图 2-1 所展示的数字化转型五阶段路线图简单地说明了企业实施转型的阶段划分以及各阶段的重点工作。

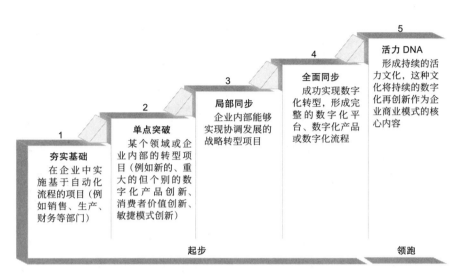

图 2-1 数字化转型五阶段路线图

第一阶段是夯实基础。企业在这一阶段要实现内部流程自动化，通过使用 SAP、Oracle、Salesforce 或类似的平台，实现诸如销售、制造或财务等流程性工作的自动化。相较于转型，这些工作更应被称为自动化（或者数字化），它提供了未来企业转型所必需的数字化基础。基于数字化平台的流程自动化为从手动操作转向数字化管理提供了必要的条件。

第二个阶段被称为单点突破。在这一阶段，几个或者某些职能部门开始使用颠覆性技术构建新的商业模式。例如，制造部门可能已经通过使用物联网在制造方式和物流管理等方面取得了重大进步，财务部门可能已经开始了解区块链技术并且正在改变其处理跨国业务中账户管理的方式。或者，某个企业的业务部门采用新的技术手段创造出一种新的商业模式，例如直接向消费者出售商品而不是通过零售商出售。关键特征是，这些变革是单个部门或某个产业领域的单点突破，还没有一种整体性的公司层战略来驱动转型。

第三阶段是局部同步。企业领导者、企业所有者或CEO已经意识到了数字技术所产生的颠覆性力量，并且能够对企业未来的数字化状态做出预期。在第三阶段，企业整体已经开始朝同一个方向前进。然而，企业还没能完全转型到以数字化为核心的经营模式或者全新的商业模式阶段，也没有建立起反应灵敏的创新型文化以及可持续的发展能力。与此相关的一个典型案例是通用电气（GE），它的数字化转型没能超越这个阶段。通用电气的CEO杰夫·伊梅尔特（Jeff Immelt）为数字化工业的未来提出了一个美好的愿景。通用电气开始朝着"单点突破"的数字化战略方向行动，但这种新的数字化商业模式因为不够成熟而未能根植在企业内部。

第四阶段是全面同步。这一阶段标志着整个企业范围内的数字化平台或新的商业模式已经扎根。然而，这是一场单次而非重复性的转型，它仅仅是企业为了规避颠覆性技术（或商业模式）的冲击而做出的应对性变革。要想规避未来一次又一次不间断的颠覆性冲击，企业必须使数字化能力和灵活的创新文化成为自己持续发展的血脉。

第五阶段是活力DNA。这是转型能够永不停歇的动力。有的企业之所以能够一直保持行业领导地位，是因为保持创新并引领行业发展趋势已经成为它的准则。这样的企业不仅仅是市场领导者，还是准则创造者。

"进行"数字化与"变得"数字化

推动传统组织转型是一项令人筋疲力尽的挑战，尤其是考虑到当前数字技术的影响如此之广。数字技术能使很多不可能的事情变得可能。你应该跟随一种新的商业模式吗？或者你愿意尝试采用一个新的、能够拓展商业模式的创意吗？你是否应该致力于推广一种业务数字化的可行方案？大多数的回答可能是，可以通过实施一个独立的数字化战略来应对这些问题。

我的经验证明这个答案是错误的。与此相反，我的建议是，应用数字化能力重塑企业当前的发展战略并进行彻底的转型。以上两种回答的不同之处非常微妙。区别的重点在于是"进行"（doing）数字化还是"变得"（becoming）数字化。"变得"数字化这一目标是实现持久性数字化转型的关键。一个企业可以"进行"数字化，作为单次转型的组成部分，但是要想得到持久性的市场领导地位，企业还需要"变得"数字化。

当数字化已经成了企业经营的"活力 DNA"，企业就到达了"变得"数字化状态。企业实施一项新的数字化战略仅仅可能到达我们所说的转型第四阶段，而不太可能到达第五阶段所描述的那种持续转型的状态。在转型的第五阶段，企业已经"变得"数字化。

区分转型的五个阶段的方法是考察企业在做什么或者不做什么，如表 2-1 所示。

表 2-1 数字化转型：你在做什么和不做什么

阶段	你在做什么	你不做什么
1. 夯实基础	你在更新技术，构建最新的数字化平台，包括云技术、人工智能等。你正在促进企业运营数字化，并且看到了巨大的"规模"收益	你还没有推动"转型"。你没有任何有数字化特征的颠覆性的产品、顾客关系或运营模式
2. 单点突破	企业内部的部分部门正在试验商业模式转型和产品升级。这些工作是在第一阶段实施的自动化的基础上进行的	缺乏企业层面的转型战略来推动商业模式的转型
3. 局部同步	你的企业同时存在旧的和新的数字化的商业模式、流程和产品。所有这些工作都有一个企业层面的战略指导	你没有全力投入一个全面的转型过程中，或者不能抵御强调灵活性的数字原生企业的竞争
4. 全面同步	你在不断创造行业领先的顾客价值、创新性数字化产品和行业一流的运营效率	你难以在竞争中持续获胜，只是在当前这一时刻实现了数字化，未来某一种技术、产品或生产过程的改变可能再次带来颠覆
5. 活力DNA	数字化运营成为企业的DNA。企业是不断动态演化的市场的终极领导者；运营过程完全实现数字化；员工充分了解数字化；向顾客提供极具个性的创造性价值；采用极具创新力的商业模式；转型全面同步、永不停歇；所遵循的准则能够指导创新，并使企业保持行业领先地位；已经超越了单纯的市场领导者角色，是不断创造数字技术准则的市场领导者	你不是静态的。你的企业一直在转换形态，从而在竞争中领先

到达第五阶段的路径

和其他路线图一样，数字化转型五阶段路线图中的步骤也有先后顺序，这些步骤既不能跳过也不能省略，但企业可以加速推进这些步骤的实施，有些步骤还可以通过"蛙跳效应"而合并实施。

图 2-2 指出了到达数字化转型第五阶段的路径。传统企业所需进行的数字化转型可以从第一到第四阶段中的任何一个阶段开始，然后或者缓慢发展，或者迅速跨越到第五阶段，即可持续发展的理想状态。与此不同，数字原生企业具有起步优势，那就是它们已经有了一个完成"全面同步"的数字化平台可供使用。然而，它们同样需要到达第五阶段。

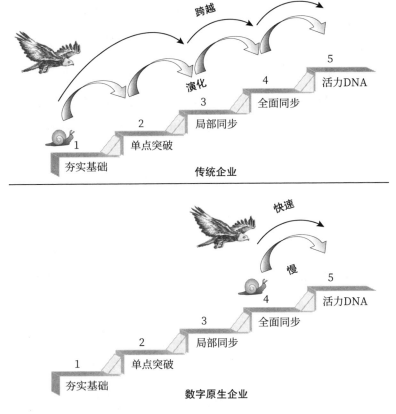

图 2-2 到达数字化转型第五阶段的路径

除非你的企业恰好是一个成功的数字原生企业，即从创业伊始就基于数字化平台经营，例如奈飞（Netflix），然后围绕数字化平台构建可持续发展的商业模式，否则企业的数字化转型就需要遵循这一路线图。

五阶段转型模式的指导准则

数字化转型五阶段路线图可以帮助你设定合理的转型步骤，以及评估你现在所处的转型阶段。你能沿着这一路径取得多大成功是由指导准则驱动的。我们将会用具体的指导准则来推进这张路线图的实施，并最终采用检查清单的方式为成功的数字化转型提供规范性。为了实现这一目标，我们需要从航空业以及瑞士奶酪学习经验（是的，的确这样！）。

从飞机起飞学到的准则

飞机有很高的安全性，这一事实毫无疑问。令人惊讶的是，尽管飞机起飞涉及非常复杂的操作，但这个过程已经实现了高度自动化以及非常高的可靠性。今天，只有在数个互不相关的故障同时发生时飞机才会起飞失败。飞机制造商使用分层安全准则来分析及降低起飞失败的风险，这一准则也被称为"瑞士奶酪模型"。

航空安全和瑞士奶酪有什么关系

瑞士奶酪模型将人类决策系统比作瑞士奶酪，用于查明事故原因。瑞士奶酪切片层层叠起，每一片奶酪上的洞代表某个系统的缺陷或弱点，并且这些洞一般大小和位置都不同。如果一条线能从洞中同时穿过好几片奶酪，那就代表存在系统故障，并且会导致事故发生。设计这个模型的目的是，通过在"洞"和"切片数量"两个方面同时做出改进，降低事故发生的可能性。

詹姆斯·瑞森（James Reason）是瑞士奶酪模型的创建者，他认为事故可能由四个原因引发：组织因素、不安全的监管因素、产生不安全行为的前提条件以及不安全行为本身。瑞士奶酪模型已经被广泛应用，主要用于航空业和医疗业的事故管理。

为了提升数字化转型的可靠性，本书采用了一种类似的方法。在从一个阶段升级到另一个阶段的过程中，明确两个最可能引发失败的原因。采用问题检查清单的方法能够帮助我们确定是否每个阶段的潜在问题都已经被充分解决。

飞行安全问题也是随着航空业发展而不断演化。在航空业发展早期，飞机主要是用布、胶水和木材制作的，这使飞行更像是一种技巧游戏而不是一个航行运输过程。飞机在起飞和着陆时经常发生坠毁事故。在此后的数十年间，飞机设计和飞行理论都得到大幅改善。瑞士奶酪模型就是在这一改善过程中采用的风险最小化方法之一。只有查明失败的原因，才有可能重新设计产品、改进流程、完善系统，以及提升人员的技术能力，从而减少失败或消除失败。（航空检查清单主要用于检查那些不能实现自动化或者不能被省略的程序或工作。)

我在宝洁 GBS 的工作经历证明,首先找到数字化转型从一个阶段向下一个阶段升级失败的原因,然后采用检查清单的方法逐项消除这些因素,能够确保数字化转型成功。我已经找到并且确认了一些非常具体可信的驱动因素(及形成的准则)来提高数字化转型各个阶段的成功率。

> 那些具体可信的驱动因素(及形成的准则)可用于提高数字化转型五个阶段的成功率。

起步和领先阶段中令人意外的准则

图 2-3 阐明了数字化转型五阶段路线图中每个阶段容易出现的两个主要风险因素,以及据此形成的检查清单项目。

本书的第一部分会详细介绍这五个阶段,并结合每个阶段介绍确保该阶段转型成功的两个准则。

在介绍完这五个阶段后,我在第 13 章描述了宝洁 NGS 的变革行动是如何展开的,并分享了如何将这些准则整合在一起。NGS 运行模式(包括数字化转型的五个阶段)需要具体的实施路线图,而随着时间不断优化的检查清单方法为执行这一路线图提供了相应的准则。

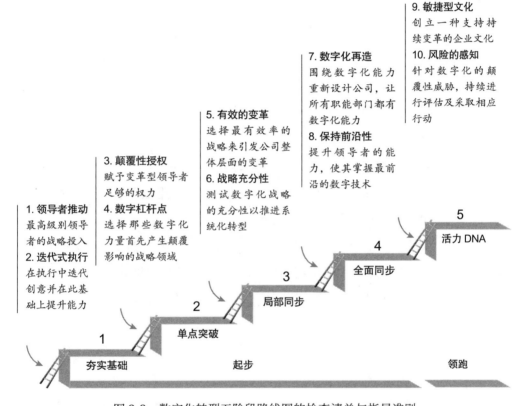

图 2-3　数字化转型五阶段路线图的检查清单与指导准则

本章小结

- 在第四次工业革命背景下，企业需要一种全新的商业战略，这种新战略是在第三次工业革命时代（即个人电脑和互联网的兴起）企业商业战略基础上的创新。
- 宝洁的 GBS 在 2015 年就看到了这一挑战，并开始主动推进数字化转型战略。
- 共享服务组织经历了三个发展阶段。宝洁的 GBS 处于第三阶段，它确信，正在其他行业发生的数字化颠覆现象也会对全球共享服务行业产生影响。
- 关键在于，如何进行颠覆性变革，并提升成功的概率。70% 的数字化转型失败的根本原因在于缺少准则的指导。
- 数字化转型五阶段路线图提供了一个准则化的可确保转型成功的操作方法。
  - 第一阶段是夯实基础。这是企业开始主动实现内部流程自动化的阶段。
  - 第二阶段是单点突破。单个职能部门或者产业领域开始使用颠覆性技术构建新的商业模式。
  - 第三阶段是局部同步。企业的 CEO 已经认识到数字技术的颠覆性力量并且对数字化转型的未来状态做出预期。
  - 第四阶段是全面同步。一个企业层面的数字化平台或新的商业模式首次全面落地。

　　□ 第五阶段是活力 DNA。这是变革持续发生的基础。

- 通过认识和消除行为准则中所蕴含的风险，航空安全已经成为可靠性的代名词。瑞士奶酪模型所采用的清单和准则模式已经经过长期实践的验证。
- 为了脚踏实地地推进数字化转型，本书为转型的每个阶段都提供了两个参考准则。

准则检查清单

参考图 2-4 中的问题,在推进实施数字化转型五阶段路线图的过程中采用一种准则化的方法,评估你的数字化转型战略,并一步步推进。

| 目标设定 | 夯实基础（第一阶段） | 单点突破（第二阶段） | 局部同步（第三阶段） | 全面同步（第四阶段） | 活力 DNA（第五阶段） |

目标设定

1. 你的数字化转型计划采用了以下两种或更多技术吗？如指数型技术、基于输出的模型，或指数生态系统。
2. 你的转型目标是颠覆式创新吗？颠覆式创新是持续性创新的反义词。
3. 转型目标是一个或更多的下列成果吗？如新的商业模式转型、新技术衍生的相关产品，或实现 10 倍的运行效率提升。
4. 转型的目标是塑造一种长久的转型文化吗？
5. 计划实施的转型发生在企业层面吗？是否基于一个正式的战略，并且是自上而下驱动的？

图 2-4　目标设定的准则检查清单

—— Why Digital
Transformations Fail

第 二 部 分

数字化转型五阶段路线图

第一阶段　夯实基础

第一阶段是什么	流程自动化（或数字化）。使用数字技术提升工作效率，为企业创造价值，为未来的转型建立基础
转型失败的原因	转型团队忽略了商业价值或执行得很糟糕
应对风险的准则	• 最高级别领导者的战略投入 • 通过迭代式执行避免重大失败

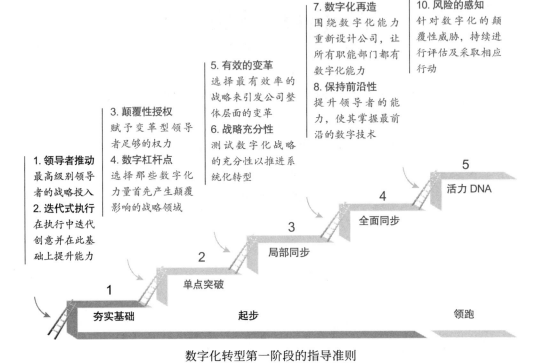

数字化转型第一阶段的指导准则

第 3 章

领导者推动

1998 年，我和家人居住在新加坡，我们后来又于 2012 年回到那里。1998 年的那次安家经历在当时显得异乎寻常，我们仅用了三四天的时间就安顿了下来，从行李包裹的投递、银行开户，到有线电视、网络和电话的安装启用，再到驾照的换发注册。这个国家的行政效率实在高得令人吃惊。

重申一下，那可是 1998 年，那时候大多数事情是不能通过网络办理的。在当时的新加坡，数字化动能已经明显在发挥作用。那时新加坡几乎已经没有人使用支票进行银行交易，都是通过一个叫作 GIRO（General Interbank Recurring Order）的系统实现不同银行账户之间的直接转账。

今天，在世界经济论坛（World Economic Forum）发布的数字化指数——网络就绪指数（Networked Readiness Index，NRI）排行榜中，新加坡排名第一。这个指数用来衡量一个经济体使用信息通信技术提高竞争力和提升幸福水平的程度。排在新加坡之后的国家是芬兰、瑞典和挪威，美国排名第五。我们要问的问题是：新加坡是如何实现排名第一的？谁在推进数字化战略？领导者起到了什么作用？

新加坡成功到达了数字化转型的第五阶段，这是一个很好的研究案例。在夯实基础的自动化转型阶段中，它已经表现出了极高的成功率，并继续向第五阶段转型目标进阶，最终成为公共部门数字化转型实践的标杆。在这一过程中，新加坡运用了在数字化转型中起步并实现领先的大多数准则。1998 年，尤其令我震惊的是，在使用数字技术战略上，新加坡总理李光耀和政府部门的领导者推动成为转型的引擎。当时，世界上大多数国家还在为是否采用数字科技这一问题争论不休，但新加坡领导人已率先推动并做出贡献。

为什么数字化转型需要领导者关注和推动

作为领导者，我在工作中学到的第一个教训是，永远不要试图把企业的问题外包出去。这并不是一个激进的观点。在几十年前管理大师就讲过，领导者可以委派职责但不能委派责任。然而，通过分析数字化转型的失败案例，我们惊奇地发现，很多转型失败的根源在于领导者把数字化转型这一艰巨任务过度授权给其他人。

在很多情况下，授权他人完成工作被看作领导者的善意。这当然是十分高尚的品质，但过度授权除外——在转型过程中领导者过度授权他人的做法并不值得提倡，因为有些事难以通过授权来完成。

亲力亲为还是授权他人，这事关数字化转型的成败。数字技术日新月异、快速演化，领导者必须特别关注。领导者要明确具体问题，花时间专注于数字化转型并做出个人贡献，并在转型过程中克服一个又一个障碍——所有这些工作都不能以授权他人的方式来完成。

> 数字化转型是全新的，并会快速进化，这意味着，领导者需要特别关注数字化转型，并成为发起者。

第一阶段的业务自动化说明了这一点，第五阶段的高风险转型更加证实了这一点。发起者的组织层级是由数字化转型规模决定的，基层经理可以主导实施小型的自动化项目，股东或者董事长则必须亲自负责第五阶段转型工作。即便是在最基础的第一阶段转型过程中，过度授权或委派他人导致转型失败的风险也非常大。

领导者在数字化转型中的重要角色

在《哈佛商业评论》的一篇文章"数字化领导力不是 CEO 的可选项"[17]中，作者乔希·波森提出，CEO 需要通过"践行数字化"

（act digital）而不仅仅是"进行数字化"（do digital）来领导企业的数字化进程。他通过研究"数字化 DNA"甄别出 23 种新的管理实践，包括授权、试验、合作、数据和速度。换句话说，CEO 的任务不仅仅局限于发起数字化转型行动，指派一名首席数字化运营官，从硅谷雇用管理人员，引进咨询顾问以及提供资金和朝气蓬勃的领导，他们还需要为数字化转型创造合适的条件——在变革行动中自己要做到全力以赴，身体力行地将数字化目标分解为转型策略，并且不断地突破转型中的障碍。数字化转型中的领导者推动在数字化转型的第一阶段就会显现出来，而在第三阶段（局部同步）及其之后的第四和第五阶段，因为涉及整个企业的变革，领导者全力投入就成了必选项，没有商量的余地。新加坡在推动数字化转型方面取得的成功充分地展示了在转型过程中领导者推动的重要作用。

新加坡的领导者在数字化转型中的贡献

作为一名计算机科学和数学专业的毕业生，新加坡现任总理李显龙在深入理解数字技术力量方面具有显著优势。更重要的是，他和其他政府领导者在领导数字化转型过程中发挥了有目共睹的作用。他曾在 Facebook 上分享了自己编写的解决数独问题的 C++ 程序代码，还在新加坡发起了"智慧国家"数字化战略，并从总理办公室开始向以下的各级政府组织推行数字化方案。

这种做法并非最近才有，新加坡建设数字化政府的历程始于20世纪80年代。在新加坡第一任总理李光耀的领导下，政府决定通过信息通信技术（information and communication technology，ICT）优化行政效率，使新加坡政府变得与众不同。考虑到领导者个人的贡献和推行数字化变革的持续性，新加坡政府在数字化转型方面取得佳绩并不令人感到意外。

新加坡的数字化历程

新加坡在世界经济论坛发布的数字化指数中排名第一，是近40年来领导者持续推动的结果。新加坡的数字化行动始于1981年开始采用计算机处理政府行政服务事项。推行行政服务微机化计划（The Civil Service Computerization Programme，CSCP）的目的是节省人力资本，提升运作效率，为政策制定提供更好的信息支持，以及提供一些前瞻性的公共服务。后来这发展为一个富有雄心的国家战略。新加坡旨在成为城市数字化服务方面的领先者，从而在与其他国家的竞争中获得优势。

2017年5月，新加坡政府宣布成立智慧国家和数字化政府工作团队（Smart Nation and Digital Government Group，SNDGG），由总理办公室直接领导。数字化服务的类型十分广泛，例如在城市交通方面，通过数据分析来优化公共交通运行效率，以及采用自动驾驶技术等。新加坡政府旨在通过"智慧国家"计划提升城市生活质量，创造更多经济机会，并建立一个联系更加紧密的城市社区。

数字化成果

新加坡政府的数字项目相当有效，为居民和企业提供的政府服务效率非常出色。使用者对政府e服务的满意度超过90%，这对于任何国家来说都非常罕见。

有几个例子可以说明为什么e服务项目拥有如此卓越的声誉。新加坡e政府门户网站能够为民众提供一站式的政府服务。SingPass是一个单一认证密码，用于在线办理所有政府部门的手续，例如填写退税单、申请护照或者注册一家公司等。新加坡政府的在线商业执照服务（Online Business Licensing Service，OBLS）可以在线办理开办企业的所有相关政府批准手续。大多数初创企业不需要到政府柜台，通过网络服务就可以获得它们需要的所有政府许可证书。新加坡在世界银行的"营商便利性"（ease of doing business）指数中排名第一，这一点毫不令人意外。新加坡政府能够为市民和企业提供大约1600种在线服务和超过300种移动终端服务。新加坡对数字化的不懈追求推动了市民和企业不断创新与采用新技术，使新加坡在与同类型国家的竞争中占得先机。

转型发起者在实现目标与突破障碍中的作用

发起者在数字化转型中所发挥的具体作用值得深入探讨，新加坡及其他成功的数字化转型案例显示，两种行为需要发起者持续关注：一是不断将商业问题转化为数字化转型策略的具体元素，二是不断突破转型障碍。两种行为都是持续性的，而非一次性投入。

在前文，我在讨论乔希·波森的文章"数字化领导力不是CEO的可选项"[18]时，已经提到过目标设定以及将目标转化为策略元素的作用。乔希·波森罗列的元素包含许多文化和组织元素。不管是持续性的还是一次性的，将企业的经营目标转化为具体的转型策略的行动必须由高层（CEO、企业所有者、政府领导者等）来领导。

> 将企业的经营目标转化为具体的转型策略的行动必须由高层（CEO、企业所有者、政府领导者等）来领导。

同样重要的是领导者在突破转型障碍中所扮演的角色，但这一点往往被忽视。对这一角色的忽视通常就注定了转型会失败。越是复杂的变革（不分转型阶段），对这种持续突破障碍的需求越强烈。第五阶段转型对突破障碍的需求最强，因为这一阶段的风险最高，而且涉及最复杂的变革，所以这并不奇怪。宝洁在财务、销售和供应链系统方面实现卓有成效的标准化以及规模化的成功经验对此就是一个检验。在宝洁这个完美的转型案例中，领导者以强有力的主导权和投入精神实现了复杂的第一阶段转型。宝洁这个阶段的工作与本书中的 NGS 故事没有什么关系，但是它说明了发起者在突破障碍方面的关键作用。

宝洁如何保持一流的 ERP 系统

宝洁是为数不多的在其全球所有运营中都使用统一的、标准化的企业资源计划（enterprise resource planning，ERP）系统的大型跨国企业之一。ERP 系统是一个至关重要的标准化数字支柱，是支撑宝洁在 100 多个国家的财务、订单处理、分销和大规模生产等业务的平台。这使宝洁在世界范围内进行内部财务管理以及执行运营计划成为可能。ERP 系统是大多数企业的支柱，宝洁使用 SAP 来实现 ERP 管理。

在业务自动化方面，拥有一个世界通用的 ERP 系统是大多数跨国企业的"圣杯"。这属于数字化转型的第一阶段。宝洁在 21 世纪初就达到了这一水平，更重要的是，尽管涉及整合被并购企业的 ERP 系统，但宝洁依旧选择维持这一标准化的全球 ERP 系统。对 ERP 系统进行标准化是非常困难的，在并购和重组中保持 ERP 系统的一致性更加困难。企业的规模越大，整合就越复杂，推进数字化转型就越困难。

领导者推动使宝洁能够达到这一水平。它的业务目标是明确的——在全球范围内使用同一个 ERP 系统。基本上，宝洁每年都会发生并购、法律和税收变化等事项，这些变化都会使 ERP 系统需要进行相关项目的调整，而领导者在此过程中所扮演的突破障碍的角色更值得探究。

这是如何发生的呢？一些重大的 ERP 系统转型项目由负责财务、供应链、销售和 GBS 的总经理发起。尽管通常由 GBS 部门负责落实，但是其他相关职能部门的领导者和企业总经理作为发起人，针对转型目标的身体力行和全力投入同样十分重要。

宝洁于 2005 年收购了市值超过 100 亿美元的吉列公司，我当时在位于波士顿的吉列总部担任临时的首席信息官。吉列有一个令人称道的同样建立在 SAP 基础之上的 ERP 系统，这个系统是为剃须刀业务和电池业务量身定制的。显然，在推动整合的过程中有一系列问题需要解决，例如，吉列在哪些方面需要做出改变才能与宝洁的业务流程和系统标准保持一致，而宝洁在哪些方面可以沿用吉列的标准等，相关问题的数量达到了几百个。

于是，跟宝洁平时的习惯做法一样，ERP 系统整合任务的执行团队和发起者立刻进入了一种近乎魔法般的工作节奏。企业管理层的发起者每天都亲自参与其中。决策内容十分广泛，例如决定是否改变某一特定功能的开通日期以避开圣诞商业季，或者是否重新设计企业的财务报告制度等。执行团队的工作很难，如果没有发起者积极地突破种种障碍，我们就不可能取得成功，更不用说成为业内佳话。这种事情在宝洁是相当普遍的，这保证了宝洁 ERP 系统的全球标准化过程稳步推进。

为什么我们没有看到更多来自领导者的推动

如果领导者推动如此有效，那为什么我们没有见到更多？在战略执行中有若干因素会造成干扰，坦白地说，目前最紧缺的就是领导者的数字素养。在这一方面，那些基础业务并不根植于数字技术的传统企业显得尤为脆弱。

领导者的数字素养

一些公共部门和私人部门的领导者的个人数字素养实在令人不敢恭维。进行数字化转型需要对 IT 技术有着深刻的理解，这种理解远超日常使用 IT 工具的程度。虽然不是每一个领导者都能成为像李显龙总理那样的 C++ 程序员，但是他们至少需要快速了解技术带来的种种可能性。例如，他们有必要花点时间理解人工智能、软件机器人或平台解决方案能为自己的业务带来什么改变，从而将这些技术实践应用至可能的业务领域。

倾向于炒作技术概念的 IT 行业在这个问题上几乎没有提供什么有用的帮助。在制定数字化战略时，许多高层管理人员过度依赖他们的首席信息官和首席数字官。然而问题是，数字化颠覆战略（为整体业务创造新的商业模式）与企业的 IT 策略（运营和生产的自动化）完全不同。最近的一项研究显示，当前企业 68% 的创新支出来自于 IT 以外的预算。通过向首席信息官和首席数字官授权，让他们创造新的颠覆性商业模式，肯定不如使企业内所有的领导者都成为具备相当素养的数字化领导者更有效率。所有的企业领导者和业务板块领导者都需要在其职责范围内独立做出与数字化转型相关的决策。

董事会的数字化素养

不幸的是，在公司高层中，数字化素养缺失现象更为严重。从根本上说，董事会有责任推进企业的数字化建设并引导发展和应用数字技术。世界排名前五位的大企业在"数字化董事"方面表现突出，其中包括微软联合创始人比尔·盖茨（Bill Gates），英特尔的董事长安迪·布莱恩特（Andy Bryant），奎斯特通信前 CEO 埃德·穆勒（Ed Mueller），雅虎前总裁苏珊·德克尔（Susan Decker），雅虎前 CEO 玛丽莎·梅耶尔（Marissa Mayer），施乐 CEO 乌苏拉·伯恩斯（Ursula Burns），IBM 前 CEO 彭明盛（Sam Palmisano），Instagram 联合创始人凯文·斯特罗姆（Kevin Systrom）和康卡斯特执行副总裁史蒂夫·伯克（Steve Burke）等。然而，这不是所有公司高层的普遍状态。麦肯锡咨询估计，只有不到 20% 的企业董事会成员具备当今世界所需的数字化素养，只有不到 5% 的北美企业设置了技术委员会。如果再考虑到目前企业还面临着来自相近行业的威胁，许多董事会的技术素养严重欠缺。过去的传统运营模式使企业的董事会成员获得了成功，而现在这一点恰恰可能会导致企业走向毁灭。

董事会提名委员会必须快速做出反应。此外，董事会成员需要快速跟上时代的步伐。

> 董事会层面领导者数字素养不足是一个大问题。只有不到 20% 的董事会成员具备当今世界所需的数字素养。

与企业领导者对数字素养的需求一样，董事会需要了解数字技术的潜在可能性。董事会成员必须在防御性的网络安全议程之外花费更多时间研究数字化战略。在这一层面进行更多的投入不仅是合适的，而且是非常必要的；它是企业在第四次工业革命中蓬勃发展，并区别于落伍者的因素。

在任何企业中，最高层对数字化转型的关注和推动都是无可替代的。数字技术日新月异，这对传统企业来说是一个独特的挑战。向企业内外的技术专家学习是一种有效的方法，但完全依赖授权且无法突破转型障碍是非常危险的。卓越的数字化转型领导者同时具备三个独特的要素——足够的知识储备、充足的投入时间，以及在数字化转型过程中不断突破种种障碍的能力。

本章小结

- 数字化是一个相对新颖且变化迅速的领域，推进数字化转型需要领导者的全力参与。
- 新加坡被评为世界上数字化程度最高的国家，总理李显龙通过持续关注和参与，为国家的数字化项目定下了基调。新加坡的数字化项目从总理办公室开始向基层政府组织扩展。
- 在将经营目标转化为数字化战略的过程中，领导者的关键作用不可替代，在数字化转型的更高阶段更是如此。
- 领导者的另一个更加重要的角色是在数字化转型过程中不断突破障碍。宝洁建立了全球统一标准的 ERP 系统，这是在数字化转型过程中快速突破障碍的典型案例。
- 为了使企业的高层领导者真正掌握转型的主动权，从执行团队领导到包括董事会成员在内的所有企业领导者都需要具备必要的数字素养。不幸的是，在大多数企业中，这还是一种挑战。

准则检查清单

参考图 3-1 中的问题，在推进实施数字化转型五阶段路线图的过程中采用一种准则化的方法，评估你的数字化转型战略，并一步步推进。

目标设定	夯实基础（第一阶段）	单点突破（第二阶段）	局部同步（第三阶段）	全面同步（第四阶段）	活力 DNA（第五阶段）

领导者推动

1. 领导者是否在推动数字化战略方面做到了全力以赴？
2. 是否有适当的场合让领导者亲自展示数字化转型行为，从而发出转型信号？
3. 是不是有相关行动计划来确保领导者把业务目标转换成转型战略，以及确保领导者持续亲自参与其中？
4. 有没有一种适当的机制使利益相关者能够明确地理解转型中的问题并持续突破转型障碍？
5. 转型发起者和高层领导者有没有充足的数字素养来推动转型？

图 3-1 领导者推动的准则检查清单

第 4 章

迭代式执行

2013年10月1日，一个星期二的午夜。对于负责建设联邦门户网站"HealthCare.gov"以及落实《平价医疗法案》(Affordable Care Act，ACA）的项目领导层而言，这一天意义重大。对这一法案更流行的叫法是《奥巴马医改法案》(Obamacare exchange）。网站正式运营后，在医疗保险和医疗补助服务中心（Centers for Medicare and Medicaid Services，CMS）团队及其承建商的监控之下，最初的用户登录情况非常好。平台的访问量比预期高很多，这对一直担心登记注册人数不足的白宫来说是一个好消息。

然而，联邦公共网关接口（CGI Federal，这是网站承建商之一），办公室的气氛却异常凝重。IT技术专家发现，随着用户在创建账号时不断遇到迟滞问题，平台出现崩溃的迹象。没过多久，网站就完全崩溃了。对奥巴马总统来说，这种情况对于刚刚启用的 HealthCare.gov 门户网而言是一个不祥之兆，虽然由他签字批准的法案最终顺利通过，却受到技术能力不足带来的负面影响。

事实上，奥巴马医改网站出现的问题更像是一个准则错误而不是一个技术问题。不幸的是，它却被简单描述成一个 IT 项目的技术失误，这种错误判断在企业中非常普遍。HealthCare.gov 项目非常宏大也很复杂，完全有理由采用迭代式开发的方法，通过这种方法可以把一个大爆炸式的风险分解成许多小型的项目。在 IT 软件开发行业中，这一技术被称作敏捷型软件开发（agile software development）。尽管这种技术被用于医疗法案门户网站的开发，但是主要的交付模式依旧采用一种被称为"瀑布式"的开发方法。在瀑布式开发模式下，项目整体发布后还需要经过相当长时间的补充设计和开发。

在数字化转型过程中，项目越大越难落实执行。无论是在第一阶段还是更高阶段，避免陷入困窘和失败的一个关键原则是，把项目拆分成多个小型的、可迭代实施的项目的组合，从而使数字化转型风险降到最低。毋庸置疑，这一准则不仅仅适用于软件开发。基于同样准则的精益启动（lean startup）可以缩短产品开发周期并加速商业模式的固化，这一方法受到了很多企业的关注。其目标是在产品发布之前，使用一些小型的、基于假设检验的试验性项目来验证原创性产品的整体效果。

回溯到 1995 年 7 月，那时亚马逊发布的第一个购物网站没有任何巧妙设计，也没有采用什么智能算法，除了图书类别和下订单功能之外没有当前所具有的任何其他功能列表。企业内部运营也同样简单，员工手动挑选书籍、打包，然后送去邮局。然而，这种做法使亚马逊能够最大化地利用现有有利条件，摒弃那些无用的资源，并稳步朝着创始人杰夫·贝佐斯提出的愿景（成为"出售任何货物的商店"）迈进。

> 不论是在第一阶段还是更高阶段，避免陷入困窘和失败的一个关键原则是，把项目拆分成多个小型的、可迭代实施的项目的组合，从而使数字化转型风险降到最低。

如何将迭代式执行方法应用于复杂的多项目计划

HealthCare.gov 网站的短暂瘫痪是个很好的教训，它让我们知道了如何在多项目层面通过采用迭代式执行方法避免整体的溃败。如何把迭代式执行方法应用到复杂的多项目计划中，比如推动整个企业的全面转型呢？

分解一个有风险的大项目，使其变成小型的、迭代式的模块，这一准则依然适用。你可以从大处开始思考，但不需要在某个具体想法上孤注一掷。

企业层面的转型往往涉及多个项目，需要对这些项目进行组合。在这种情况下，实施风险管理就像创造一个项目组合一样简单，这个组合包括一些具有较大风险的项目，以及其他一些风险比较小的项目，从而使组合后的整体能够有效地实现预期目标。这也是丹佛国际机场项目在 30 年前学到的惨痛教训。

为什么 HealthCare.gov 项目遭遇挫折

尽管令人尴尬，但很难说 ACA 门户网站瘫痪现象不会重演。因为它和其他转型失败案例有颇多相似之处，所以它成为一个很好的研究案例。

该项目的背景是，《患者保护和平价医疗法案》（Patient Protection and Affordable Care），或者叫《平价医疗法案》，或者更加通用的叫法——《奥巴马医改法案》，理应成为奥巴马总统的标志性成就。该法案于 2010 年 3 月 23 日通过签署成为法律，目标是在降低美国未投保公民的数量方面有所突破。在筹划三年多之后，HealthCare.gov 网站于 2013 年 10 月 1 日上线。午夜刚过不久，数千名用户登录网站进行医保注册，网站瞬间就崩溃了。起初，问题的原因被认为是网站的使用流量超过了设定的上限。然而，在这个问题被解决之后，其他问题又出现了，光解决技术问题就耗费了几个月的时间。2014 年 4 月 15 日，一切尘埃落定，到官方注册截止日，大概有 1350 万人申请了投保，有近 800 万人选择了其中的一个投保计划。这一数字远远超过预定目标，也说明医改方案本身是成功的，但很遗憾，网站出现的问题依旧令人尴尬。

在我看来，有三个主要原因。我认为网站崩溃问题本可以通过使用本阶段介绍的两个准则来避免：领导者推动和迭代式执行。导致

HealthCare.gov 网站崩溃的三个根本原因如下。

（1）项目越大越难落实。HealthCare.gov 项目是一个庞然大物。根据《福布斯》杂志的数据，这个项目涉及 55 家技术承包商、5 个联邦机构、36 个州、300 个私营保险公司和超过 4000 个保险计划。一个普通用户需要浏览至少 75 个页面，而全部页面超过 1000 个。HealthCare.gov 项目的规模如此巨大好像是理所当然的。多数大企业在追求一个颠覆性概念的时候都会倾向于做大规模。但问题是，你如何把这个庞然大物分解成一个个能一口吃下的小块？

HealthCare.gov 网站的部分模块使用具有敏捷型特征的迭代式软件开发（iterative software development）方法来完成。然而，问题是，只有在网站正式开放之后，终端用户的体验才能反映出问题所在。为了解决这个矛盾，我们有必要引入类似精益启动的方法——这一方法要求每隔几周就更新一次真实的用户体验。不能等到项目结束后，才发现产品在进行总装时不能运行，这必然会令人恼火。

（2）谁在掌管项目？HealthCare.gov 的案例还反映了过度委派带来的教训。美国卫生和公众服务部（Health and Human Service，HHS）部长凯瑟琳·西贝利厄斯（Kathleen Sebelius）在这个项目中直接向奥巴马总统汇报。她指派了一名首席信息官来协助管理 IT 项目。2011 年 8 月公开的一份备忘录显示，白官主管项目管理和预算的官员强烈建议首席信息官应该直接负责整个项目。然而，HHS 的首席信息官从没起到过主导作用。

负责运营项目的是 CMS。此外，CMS 决定实施内源化系统集成（管理多个研发机构，并负责在技术上整合所有的解决方案）。但问题是，CMS 并不具备系统集成商的能力。更加糟糕的是，CMS 内部有很多争论，这些争论既涉及用户体验也涉及网站运行。结果，各个研发机构未能得到相应的技术指导。模糊的责任划分是造成项目拖延的罪魁祸首。

（3）用户需求的迭代。或许在推动数字化转型中最重要的是基于用户需求不断进行迭代升级。亚马逊的第一个网站看起来糟透了，但它能够收集用户的反馈。对 HealthCare.gov 网站来说，不幸之处在于，它过于关注政策、成本、政治承诺等因素，而忽视了与使用者进行交互。当造成问题的原因真相大白，正确的项目领导权很快便建立了起来。来自硅谷的技术专家带来了正确的迭代式执行准则，网站重构问题很快就被解决了。

对于推动数字化转型，可能不需要爆炸式的、全面铺开的执行方式。迭代式的交付过程，例如敏捷行动或者精益启动，能够大大降低转型风险，并且保证复杂转型有效推进。

为什么丹佛机场的行李分拣项目失败了

1989 年，丹佛市开始建设一个非常前卫的艺术之都机场。新机场容量增加了一倍，每年可运送 5000 万名旅客，并将成为美国最大的机场和重要的航空运输中转中心。飞机的中转时间（一架飞机从落地到再次起飞的时间）预计会缩短到 30 分钟。相比之下，即便在今天，普通航空公司的短途航班也至少需要花费 40～60 分钟进行中转，而长途航班甚至需要数个小时。在机场业务中，更快的周转速度意味着更强的竞争优势。

为了达到这一高效率目标，一个全新的、高度自动化的行李提取系统被构想出来。这个概念非常前卫。在办理登机手续时，柜台的工作人员会在行李上粘贴一个标签，之后一个全自动的输送带会接手下面的工作，所有行李的移动都是全自动的。这是一个关于技术的颠覆性变革带来竞争优势的典型例子。

但是，采用这种设计的结果是新机场延迟了六个月开放，以及高达5.6亿美元的建设成本超支。[19] 即使是在推迟开放之后，这个系统也没有完全在三个候机大厅全面实施，而是仅仅在一个候机大厅运行，且仅限于出港航班，而且，即使在不饱和的运行状态下，这个系统依然问题频出并不断造成包裹丢失。2005年，唯一使用这个系统的航线最终也放弃了它。丹佛机场的这个雄心勃勃的转型计划出现了严重差错，这是另一个典型的转型失败案例。丹佛机场构想的是未来，[20] 然而它得到的却是一个庞大的哥斯拉怪物，它开心地"咀嚼"着行李，在最佳运行状态下的效率也比不上人工操作。

从丹佛机场学到的教训是，在进行数字化转型时，眼光和希望不是战略。颠覆性的系统和能力构建必须基于一个组合效应的假设——如果高风险项目部分获得成功，那么其他部分一定会失败。

> 全新系统和能力的构建必须基于一个组合效应假设——如果高风险项目部分获得成功，那么其他部分一定会失败。

高风险、赌博式的数字化转型项目需要以充分的组合性计划为基础，这与理财规划师的做法没有太大区别。这个组合在整体上必须有足够的产出。

一种进行数字化转型的迭代式执行方法

对于大规模数字化转型来说，迭代式执行方法旨在解决例如 HealthCare.gov 和丹佛国际机场行李系统推出等问题。迭代式执行方法是本阶段提及的两条准则的具体应用：对于大型项目，可以把"瀑布式"的整体设计分解成多个小型的灵活项目，以及组建一个涵盖不同风险水平的项目组合。

在宝洁的 NGS 项目中，我们成功应用了这一组合策略。我们在单个试验（项目）和子项目中应用了以两周时间为周期的快速迭代法，并创建了一个高低风险项目组合来确保整个转型项目的充分性。通过实施这一组合方案，打破了把数字化转型作为一个"大赌局"的方法，将其转化成了规模更小、风险更低的项目。

> 成功的转型包含两个要点：一是针对每个项目采取迭代式执行方法；二是创建不同项目的组合。每个项目都有不同的风险和收益水平。

图 4-1 描绘了我们在 NGS 使用的方法。NGS 的总体目标（图中的 1）是显著降低成本、增加销售额和提升用户体验。颠覆性概

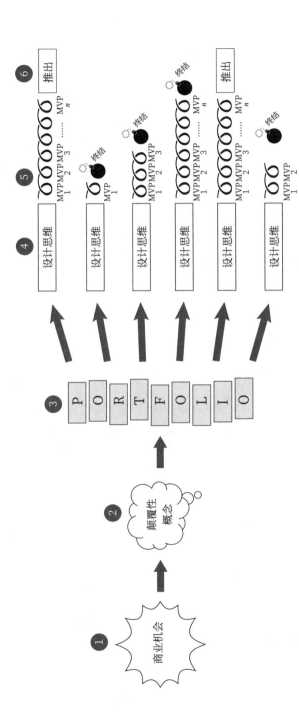

图 4-1 把迭代式执行和项目组合结合起来

念（图中的 2）即创造 NGS 生态系统，并将它作为一个颠覆性转型来实施。试验（项目）组合（portfolio）（图中的 3）是一系列非常具体的颠覆性需求组合，并且这些颠覆性需求在行业范围内具有可复制性，从而使 NGS 的合作伙伴能在宝洁之外将产品商业化。每一个项目都遵循基于设计思维的迭代式执行（图中的 4），从而产生系列创意和系列迭代式产品，这些产品被称为最小可执行产品单元（minimum viable product，MVP）（图中的 5）。最后，产品要么被终结（如果不符合成功标准），要么被推向市场（如果符合成功标准）(图中的 6）。

第 1 步：识别商业机会

为整个项目设定转型目标。这可以是一个宏大的转型目标（massive transformative purpose，MTP），即一个有抱负的愿景，正如萨利姆在其著作《指数型组织》中所描述的那样，这个愿景能够激发极大的转型动力。对于 NGS 来说，自己的 MTP 是"颠覆共享服务业"，旨在实现明确设定的目标：实现持续性的成本节约、销售增长和用户体验提升。

第 2 步：确认转型理念

这是创造一个理念的过程，这一点将会在第 6 章进一步详细探讨。这是商业战略的一部分。对于 NGS 来说，就是要创造一个类似产业生态的指数型组织。

第 3 步：创建项目组合

把宏大的颠覆性概念分解成许多小型的、可迭代的项目的组合。在 NGS，我们使用了 10-5-4-1 策略，即每进行 10 个试验（项目），可能有 5 个会终结，在剩下的 5 个里，有 4 个可能会转化成 2X 或 4X 类型的创意，剩下的最后一个会变成 10X 创意。采用这种方法允许在追求一个宏大目标的过程中出现许多小型项目的失败。

第 4 步：使用迭代式设计方法设计每一个项目

在 NGS，我们使用迭代式思维推动大型项目的转型。在推动 10X 项目时，迭代式设计方法要优于强调流程的路径式方法。迭代式思维有助于我们把注意力集中在所追求的业务发展目标上（例如爱彼迎追求的目标是"一个可以待在里面的住所"），并且不需要太多的前提条件（例如房屋的所有权）。

第 5 步：采用精益启动或者敏捷执行等迭代式执行方法

迭代式执行方法可以使你把转型概念分解成用户具体关注的模块，之后分别对 MVP 进行开发和测试。这有助于在 MVP 分解模块的基础上进行开发，然后通过整合来构建大的转型概念。在丹佛机场行李系统的案例中，MVP 可以是进行现场测试的一个个小型任务（例如针对某一航线或中转大厅使用电子包裹标签）。

第 6 步：只推出成功的项目

迭代式执行方法前五步的优势是，它们不仅推动一个项目实施，而且有助于选择出项目组合中最成功的项目。

这种迭代式执行方法还有一个主要优势——它提高了速度，或者"创新速度"（innovation velocity）。因为当你成功地把一个大型转型项目分解成了许多小的执行部分，每个小的执行部分所涉及的时间、金钱和风险都会非常小，新的理念因此可以加快推进。速度是推动转型成功的关键力量。传统思维认为取舍"更好""更快"和"更便宜"是零和游戏，即如果你加强了其中的某些方面，那么其他方面就会弱化。我的数字化转型经验是，如果你能加快推进速度，那副作用就会是"更好"和"更快"。

数字化转型中速度和加速度的重要性

执行速度在数字化转型中至关重要，这不仅是因为数字化转型是一个迫在眉睫的问题，也因为速度产生了热情、动能和积极的心态。

我喜欢用飞机起飞比喻数字化转型的起步过程。在飞机起飞前的滑行阶段，加速度——速度变化率，与飞机在跑道上滑行的距离直接相关。加速度越小，飞机达到起飞速度需要的距离就越长。如果飞机没有达到需要的速度，它就不能在给定的跑道上起飞。数字化转型和这一过程十分类似。转型需要加速度，或者更确切地说，如果缺少加速度，转型会成为一个挑战。在此情况下，转型试验就会花费很长时间，以至于利益相关者和企业都无法看到转型的动能源自何处。如果这样，颠覆性转型就不会发生。

这一问题在数字化转型的第四阶段和第五阶段都存在。技术的快速变化意味着每一个数字化概念"保质期"都比往常更短，这给了数字化转型一条更短的跑道。换句话说，新工业革命中的数字化转型需要更快的加速度。

> 速度和迭代式执行方法相互促进，大大降低了数字化转型失败的风险。

我推荐将速度（或者"创新速度"）作为数字化转型的关键指标。速度和迭代式执行方法相互促进，大大降低了数字化转型失败的风险。

速度（或者"创新速度"）指标

创新速度（创新的步伐）在许多具有前瞻性思维的组织中是一个关键指标。由于数字化转型的"跑道"更短，因此，应该创造出尽可能多的创新想法，并把每一个想法都以低成本的方式快速实施，这是获取转型初步成效的最佳选择。在大型的传统企业中，关注速度是一项艰巨的任务——这些企业往往要么推进速度缓慢，要么没有能力采用低成本的迭代式商业模式。成功的科技创新企业，例如亚马逊、奈飞和谷歌，都已经把快速迭代的理念嵌入了各自的企业文化。初创企业往往偏好创造出一个大的新概念，然后以低成本的方式快速迭代其商业模式。初创企业的激励体系具有天然的灵活性：当创业资本耗尽，整个游戏结束，员工就不得不再去找一份工作。

考虑到大企业的工作安全性和稳定性文化，采用与初创企业相同的办法显然是行不通的。如何解决这一问题呢？答案就是在大企业里建立一个具有同样良好效果的快速迭代模式。与初创企业不同，大企业往往不存在资金约束，然而时间却替代资金成为大企业的主要限制条件。

为什么很多企业不能加快速度（以及你能在这方面做什么）

大多数领导者已经知道速度是驱动数字化转型成功的一种重要力量。我坚信，大多数企业没能快速推动转型与组织结构有关。其中有两个主要原因。

我把第一个原因称为"时钟频率"问题。一项活动的"时钟频率"是指在企业中实施决策和推动变革的正常速度。我从计算机行业借用了这个术语，时钟频率是指一台计算机 CPU 的运行速度。由于数字化转型活动需要以更快的速度推动，它们会在企业内部导致冲突，但是正如我之后会讨论的那样，这些冲突都能够被克服。第二个原因是"两个世界"的冲突问题，也就是核心组织的正常活动与想要变革它的转型团队之间的冲突。这种冲突可能以政策、实践和其他与变革行动有关的形式出现。接下来要讨论的是解决这两个问题的办法。

解决"时钟频率"问题

我们于 2015 年着手在 NGS 创造一种新的模式，即速度快、成本低的迭代式模式。如果时间是一个约束条件，我们的模式需要能够实现可视化并随时公布创新速度。这种模式包括创新的五个阶段——前景评估、设计、假设检验、现场测试和推出成果。为了引入创新速度变量，每一个阶段都有一个具体的时间目标。在几个月的时间内，NGS 提出了指数级数的概念，该指数级数与创新的五个阶段一一对应——1-2-4-8-16。这些数字是指创新的五个阶段中每个阶段的最长持续时间。因此，前景评估阶段通常会持续一个月，设计阶段可能会需要两个月，依此类推。

起初，这种方法完全由人工操作，以及简单地按一个月或者两个月设定截止日期，然而，随着 NGS 经验的增加，可以针对每个项目目标进行微调。例如，相较于与转型无关的项目来说，具有高度颠覆性的试验（项目）的现场测试和推出成果阶段可能需要更长的时间。项目执行一段时间之后，速度目标退居其次，项目的创造性变得更加重要。每个项目的状态都会实时显示在一个 18 英尺⊖×6 英尺的屏幕上，具体内容包括这一阶段已经取得的成果以及已花费时长。这种可视化显示带来的透明度产生了更多的自豪感和自我驱动力，这比任何只基于项目结果的表彰都要管用。

解决"两个世界"的冲突问题

"两个世界"的冲突问题之所以发生，是因为大多数企业习惯性地引入风险管理制衡措施，从而拖累转型速度。法律事务和采购过

⊖ 1 英尺 =0.3048 米。

程都需要审查，IT 政策和技术标准都需要满足，人力资源和劳工关系合规问题需要解决，企业的全球工作流程需要同步——这个清单还会变得更长。显然，其中的每一步操作都有其目的和价值。但问题是，在一个创意的新生阶段，有没有必要完整执行这些操作，或者是否可以采用迭代式的方法完成这些操作，并随着时间的推移和转型进展而不断完善与规范。

在 NGS，我们开发了一个创新"防火墙"的概念，用来保护处于早期发展阶段的创意。这不是一个技术或者物理防火墙，而是一个流程防火墙，它用来在企业内部流程带来的正常压力下（除了强制性的道德、安全和法律问题）保护颠覆式创新工作，包括下列应用案例。

- 正常的供应商资格认证需要两周或几个月才能完成，但任何满足特定标准的 NGS 供应商都能够在 1～2 天内得到认证。
- 在特定边界之内的（例如不涉及专有或个人数据），信息安全和风险鉴定工作能够在几天内完成，而不是几个月。
- 在特定条件下，NGS 可以使用超出一般强制性标准的新技术架构。
- 定制灵活的人力资源制度（例如在核心组织中，项目失败造成的管理费用或个人风险很高，但在 NGS，终结一个不良项目反而会受到奖励）。

接下来，在 NGS 团队里，我们开发了一系列用来鼓励承担风险的激励措施。出于学习目的，允许一定数量的试验性项目失败。我提到过 10-5-4-1 模型，允许一些项目失败，其中有些可能会取得突破，但终究会有个别项目实现 10X 颠覆。只要项目组合形成的合力能够带来巨大的变革，局部的失败就是可以接受的。在创新"防火墙"和 10-5-4-1 模式下，团队有一个宽松舒适的环境来思考一些新的创意。

本章小结

- 应把大型的"瀑布式"创新项目分解成许多小型的迭代式执行项目，HealthCare.gov 网站开通初期的短时崩溃案例带来了深刻教训。

- 在处理包含一些高风险项目的大型转型时，形成一个高风险项目和低风险项目的组合非常重要，它能产生推动转型的合力。

- NGS 创造了一个包含六个步骤的迭代式执行方法来降低数字化转型的战略风险，即把转型战略分解成许多小项目的组合，然后在每个项目中使用迭代式执行方法。

- 转型速度（创新速度）与迭代式执行之间有很强的互补性。以高速度和低风险/低成本推动转型项目会有更高的成功率。

- 大多数企业意识到转型速度非常重要。达不到一定速度要求的主要原因是"时钟频率"问题和"两个世界"的冲突问题。

- NGS 通过为转型项目的每个阶段限定完成时间来解决"时钟频率"问题。

- NGS 通过构建"防火墙"来解决"两个世界"的冲突问题，这个防火墙能够隔离和保护处于早期发展阶段的创意，使之免受企业正常内部流程带来的压力。

准则检查清单

参考图 4-2 中的问题，在推进实施数字化转型五阶段路线图的过程中采用一种准则化的方法，评估你的数字化转型战略，并一步步推进。

| 目标设定 | 夯实基础（第一阶段） | 单点突破（第二阶段） | 局部同步（第三阶段） | 全面同步（第四阶段） | 活力 DNA（第五阶段） |

迭代式执行

1. 你是否正在采用一种迭代式、敏捷型的方法推动转型，例如精益启动？
2. 你是否已经把大项目分解成一个个小项目的组合，并允许其中至少 50% 的项目会失败？
3. 你的数字化转型是否已经把"创新速度"作为一种目标，以及有没有与速度有关的度量指标？
4. 有没有类似于 NGS 采用的 1-2-4-8-16 机制来帮助你在项目中提升转型速度/创新速度？
5. 有没有采用一些方法来解决"两个世界"的冲突问题，从而使转型工作能够以比核心组织更低的成本和更快的速度进行？

图 4-2　迭代式执行的准则检查清单

第二阶段　单点突破

第二阶段是什么	以数字化为基础的流程和产品开始形成，但是只在企业的部分业务中得以实现。个别领导者已经意识到了数字化颠覆的威胁并开始创造新的数字化商业模式。单点突破是一个有关哪些业务有机会向更高阶段进行数字化转型的缩影
转型失败的原因	常见的错误包括变革领导者的授权不足，以及选择了错误的变革内容
应对风险的准则	• 对变革领导者进行颠覆性授权 • 识别数字杠杆点

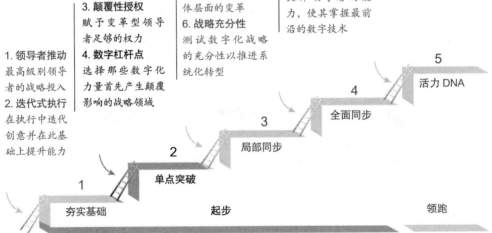

数字化转型第二阶段的指导准则

第 5 章

颠覆性授权

即便到了第二阶段,数字化转型也非常艰难。它与几件历史上曾经使该企业取得成功的事情背道而驰。变革波澜壮阔,变革领导者需要一个前所未有的广泛授权,以及自上而下和自下而上的全方位支持。这是符合逻辑的,大多数领导者都明白这一点,对他们而言最具挑战性的问题是准确理解到底什么是"支持"?

在本章,我就如何提供支持提出了系列准则,并且就此进行了具体的讨论。首先,设立一个鼓舞人心的愿景或者一个宏大的转型目标(MTP),这两者能够使一个组织团结起来。其次,变革领导者需要实实在在的"空中掩护"(air cover)(来自更高层的支持)以承担必要的风险。再次,通过公开个人在变革行动中所扮演的角色来创造非正式的领导动机（leadership motivation）。最后，通过一个能够即刻展示成果的孵化项目来克服组织惰性。

这四个支持要素并非随机设置。它们是 NGS 走向成功的关键因素。同时，在诸多数字化转型失败的案例中，这几个要素也不断出现。它们既能影响数字化转型的成败，也能影响非数字化转型的成败。为了说明这一点，我从一系列案例开始。第一个案例讲述了美国推行公制度量标准的失败过程。

美国推行公制度量标准的尝试为何会失败

大家可曾思考过，为什么美国至今未采用和世界其他地区一样的公制度量标准？这并不是因为美国没有尝试过。历史上，美国曾经进行过数次尝试：美国国家标准局（National Bureau of Standards）在 20 世纪 60 年代领导了系列变革行动，美国国会在 60 年代后期通过了相关法案，甚至还在 1975 年通过了《公制转换法案》（Metric Conversion Act），该法案宣布公制是"美国贸易和商业优先使用的度量系统"。

最后一次决定性的失败发生在 20 世纪七八十年代，对于在重大转型过程中发起者提供的支持发挥了哪些作用，这是一个非常值得研究的案例。公制转换刚开始执行就遭到了轻视和抵抗。1981年，此前为了推动公制转换而创建的美国公制委员会（the United States Metric Board，USMB）向国会报告说，它需要一项正式的国会授权才能完成任务，但它最终没能得到这项授权。1982年，由于一系列因素的叠加，包括缺少转换成果和政府预算削减等，里根政府解散了 USMB。

USMB 需要由国会授权才具有领导力，这一事实意味着，它没有获得授权来推动转换。相比而言，新加坡政府领导下的一些成功的数字化转型案例都是因授权而取得了成果。要想变革，就必须大胆授权，此案例完美诠释了这一点。

20世纪70年代公制转换的背景

美国、缅甸和利比里亚是世界上仅有的三个在度量衡上没有采用或没有推行公制系统的国家。平心而论，与此评价稍有差异，美国实际上使用公制的场合也有很多。例如，尽管杂货论磅出售，但软饮料是论升出售的。日常习惯用法（例如汽车速度采用英里显示）是随着美国的传统习惯延续下来的，但美国大多数的科学测量使用公制。人们通常将产生这种杂乱现象的原因归结为度量衡切换的成本–收益问题：转换到公制的成本会很高，而对于大多数人来说收益却不太明显。最大的转换机会出现在1975年，当时有一项法律要求强制推行这一转换计划，还有一个官方的机构来领导这个计划。只可惜转换工作最后还是没能取得成功。

尝试采用公制的历史可以追溯到托马斯·杰斐逊时代。1789年，美国第一届国会会议讨论了有关度量衡的议题。杰斐逊提交了一份提案，提出了以十进制为基础的度量衡系统，该系统看起来与今天的度量衡系统很类似。因为缺少科学团体的支持，它最终没有被采用。此外，众所周知，就连亚历山大·贝尔在1906年呈交给美国众议院的铸币、度量衡委员会（the Committee on Coinage, Weights, and Measures）的一份致辞中也曾提出一个类似请求，其中说道，"甚少有人真正意识到我们当前所采用的度量衡制度造成了多大的人力浪费"，然而此事没有得到任何回应。

公制尝试是如何失败的

美国公制转换最接近成功的时刻是20世纪六七十年代。1964年，美国国家标准局（现在称作"美国国家标准和技术研究院"，National Institute of Standards and Technology，NIST）通过宣布它将会在无害领域采用公制，使美国向公制转换走近了一步。这一行动让钟摆看起来向公制的方向摆动了。1968年，国会授权进行美国公制研究（US Metric Study），它建议美国应该在未来十年谨慎地逐步采用公制。这使国会通过了1975年的《公制转换法案》以及美国公制委员会（USMB）的成立，从而推动了相关的计划、转换和教育工作。

然而，具体实施工作还未正式启动，便遇到了轻视和抵抗。USMB没有得到来自公共部门以及私有部门的任何支持。1981年，USMB受够了转换工作停滞不前的状态，要求国会给予一项明确的政府授权，但是国会中几乎没有人对此感兴趣。1982年，里根政府评估了转换成功的可能性以及转换成本，得出的结论是得不偿失，转换到公制的尝试最终失败了。

看起来，这一切好像应该归因于政府缺乏统一的优先次序安排和专业的执行力——这两个原因似乎是众所周知的事实，这与在大多数企业转型过程中出现的"拔河比赛"和"事后诸葛"现象没有多大区别。缺乏一个明确的共同目标使国家或变革领导者难以团结一致。事实就是这样，虽然变革迫在眉睫，但是它很难被人理解。在这个案例里，领导变革的USMB没有获得来自国会的"空中掩护"，而理论上国会是这场变革合法性的提供者。国会和总统在这场转换行动中没有扮演任何特定的角色。

与美国公制转换项目极其相似，大多数数字化转型的尝试都以失败而告终。下面用一个成功的转型案例进行对标分析。

《华盛顿邮报》的起死回生

《华盛顿邮报》的经营态势有向好的势头，而这一表象之下的根本原因是亚马逊的创始人兼CEO杰夫·贝佐斯买下了它，并成功利用数字技术推动了其转型。《华盛顿邮报》在2013年时处境艰难。2012年，其营收下降到了5.8亿美元，降幅达7%。报纸业务亏损额从上一年的2100万美元飙升至5400万美元。平面广告收益持续下降，在2012年下降了14%。纸媒发行量也下降了2%。无独有偶，其他报纸和杂志大亨也都处境堪忧。《波士顿环球报》以7000万美元的价格被出售。《新闻周刊》仅仅以1美元的价格售出（尽管包含积累的财务负债）。当杰夫·贝佐斯以2.5亿美元买下《华盛顿邮报》时，人们众说纷纭，有人说他此举是对这个充满传奇的企业予以"友善的捐赠",也有人说他做了一个相当精明的决策,而这个决策的精明之处显然是普通人无法窥见的。

2017年,在数年裁员和招聘停滞之后,《华盛顿邮报》宣布要雇用60余名新闻记者。此时《华盛顿邮报》由私人持有,所以财务报告并不公开发布,然而,据《福布斯》杂志报道,发行人弗雷德·瑞安(Fred Ryan)曾向员工分享说,这家报纸现在已经"实现盈利而且还在增长"。订阅量增长了75%,而数字化订阅量所产生的收益更是翻了一番。网站访问量也首次超过了《纽约时报》。

贝佐斯是如何复兴《华盛顿邮报》的?他设定了一个愿景,即把它发展成全国乃至全球最好的报纸。他给主编和编辑高度的自由,同时大力推动报纸的数字化转型,坚持以读者为中心。他以投资的形式参与到这次行动中,他真正扮演了领导者的角色,而且亲自参与了多项转型工作。下面的专栏提供了贝佐斯推动《华盛顿邮报》转型的更多细节。在本章的剩余部分,我将对数字化转型所需的系统性支持和授权进行描述与分析。

《华盛顿邮报》是怎么起死回生的

对于一个掌管着世界上最大的零售商之一——亚马逊公司以及一家私营太空探索企业的企业家来说,杰夫·贝佐斯在推动《华盛顿邮报》数字化转型方面,绝对是身体力行。

贝佐斯设定了一个引人注目的愿景,那就是实现"从一家出色的地方报纸到一家出色的全国性乃至世界级报纸"的转型。他开发了一种新型的数字化商业模式,大量用户通过社交网络试用试读,然后成为高品质产品的重复购买者。之后,贝佐斯根据他的战略安排成立了一个获得高度授权的转型领导者团队。对于编辑群体而言,贝佐斯具备他们所期待的诸多"领袖特质",比如提供高度的编辑自治权,而且对短期财务效益的不确定性表现出充分耐心。正是这种"战略性耐心"使《华盛顿邮报》成功转型为以数字出版物为主要业务发展方向的媒体,与此同时也促进了编辑部的兴旺发展。

贝佐斯在转型过程中投入的5000万美元大多投放在技术升级和编辑招募上。他把《华盛顿邮报》的工程师队伍扩充到原来的三倍,使其现有人员拥有可以匹敌任何科技企业的IT能力。他在数字化领域表现得相当活跃,工程师可以随时联系他。他通过页面加载速度的创新,不断提升用户的数字化体验。显然,他正在将亚马逊在数字化转型过程中降低用户摩擦的经验推广到《华盛顿邮报》的数字化转型过程中。

《华盛顿邮报》还从亚马逊模式中学了一招,那就是开始向其他报纸出售它的内部工具。这个工具叫作 Arc Publishing。它为复杂的出版业务需求提供了一个数字化平台,包括视频、移动网络和数据挖掘等,该平台有10多个重要客户,并且已经制定了每年1亿美元的营收目标。这与亚马逊惯用的业务培育模式相似——待内部业务成熟后进行剥离,例如独立的 Amazon Web Services 部门。

颠覆性授权的要素

公制转换和《华盛顿邮报》的案例中有一个相同的主线,那就是这两个案例都具有颠覆性的愿景。然而，它们中却只有一个有MTP，有"空中掩护"，有角色投入，并启动了孵化项目。我所谓的"颠覆性授权"就是这四个要素能够得到严格执行（见图5-1）。它为变革领导者推动艰难的转型过程创造了条件。让我们更深入地考察一下这四个要素。

图 5-1　颠覆性授权的要素

宏大的转型目标

一个宏大的转型目标（MTP）代表着组织更远大的进取目标。它和传统的愿景不一样，它形式精练，并且隐含着巨大的转型规模。萨利姆的《指数型组织》有力地证明了这不仅仅是硅谷才有的风尚。大多数指数型组织看起来都有一个MTP。

- 谷歌：汇集全世界的信息。
- XPRIZE：化不可能为可能。
- 微软：让每张桌子上和每个家庭都有电脑。
- 特斯拉：加速全球向可持续能源的转变。

MTP的独特之处在于它能够推动和激励一个团队去完成几乎不可能的任务。一个强有力的MTP能够号召转型，并使变革的领导者、社区志愿者和那些被变革影响的人通力合作。

这就是为什么在数字化转型最初的起步阶段，至少设立一个试验性的 MTP 至关重要。这一愿景的设立，不但对于聚合颠覆性变革核心团队的凝聚力、创造力及想象力至关重要，还能够推动更大范围的利益相关者和个人参与其中。《华盛顿邮报》的雇员毫无疑问地被其愿景，即从一家出色的地方报纸转型为一家出色的全国性乃至世界级报纸所激励着。相反，在公制转换的案例中，没有类似的进取性目标能让所有利益相关者全身心投入进来。

在 NGS，我们在组建团队时开展了一个活动，即对 MTP 的可能选项进行头脑风暴。我们最终得到两个候选目标："为了自由，解放雇员"和"颠覆共享服务业"。我们选择了后者，因为我们感觉它包含的意义更加令人振奋，范围更广泛，已经不仅仅局限于转变雇员的能力了。

空中掩护：承担风险，逆势向前

让我们暂时把自己放在转型领导者的位置。他们刚刚被选定管理一个令人激动但有风险的经营项目。除了发起变革的高级管理者之外，其他每个人都带着一些怀疑与恐惧来审视他们的工作，企业内传统的激励体系和企业文化也对其表示怀疑。他们如何面对这种局面，而不会陷入困境或招致不必要的职业风险呢？

发起者这一角色不仅要使其工作合法化，还要为工作提供定制化的支持，以使企业的免疫系统平稳度过排异期（详见第 7 章）。完成这项工作的最好方式是主动与转型领导者、所有受到变革影响的人和相对次要的利益相关者一起来完成。

转型领导者需要了解的不仅仅是成功的标准，还有别人预期的准则和行为。NGS 团队的选择给我们提供了一个参考。

- 速度比完美更有价值。
- 我们预期只有 10% 的试验（项目）会成功，而其他以学习为目的的试验（项目）会迅速失败。
- 在预定的边界内，他们可以自由地做出变革，并且他们还会因为所承担的风险获得奖励。
- 一种快速更新和支持机制会帮助他们免受企业免疫系统排异反应的影响。

那些受到变革影响的人也不能置身事外，他们需要关注其切身利益如何受到影响。他们需要回答如下问题。

- 我们正在改变什么，以及如何才能使他们获得最大的好处（或者至少对他们的切身利益影响不好也不坏）？
- 他们需要在变革中扮演什么样的角色？
- 为了支持转型，针对他们的激励机制如何调整？

次要的利益相关者在促进转型的过程中也会扮演关键角色。通过回答以下问题，他们需要明白哪些领域可以施以援手，而哪些领域需要置身事外。

- 转型是什么？为什么它如此重要？
- 他们需要扮演什么样的角色，他们在哪些领域能够大显身手？
- 他们需要向组织发出什么信号来表示支持并真正支持转型？

与转型领导者、受到变革影响的人以及次要的利益相关者一起解决这些问题，为转型成功创建了必要的激励机制。宝洁 GBS 的领导层在解决这些问题上是经过深思熟虑的。

空中掩护还有一种呈现方式，即将其作为一种重要的战略做出公开承诺并公开进行沟通。GBS 的总经理胡里奥·内梅斯热心地扮演了这个角色。这种由空中掩护提供的自由度对于促成快速有效的转型大有裨益。在美国公制转换案例中，推动转型的成员不断遭受来自国会的掣肘，这是空中掩护的反例！

领导层在行动中的角色投入

正如大家看到的那样，变革领导者的角色投入可以分为参与和奉献两种，这就像是鸡之于鸡蛋和猪之于火腿——鸡是参与者，猪是奉献者。

沃伦·巴菲特经常对他所投资的企业的领导层灌输这个概念，因此这句话经常错误地被认为是由他提出的。这个比喻对于数字化转型领导者来说是非常完美的。对于企业层面的变革，企业所有者、领导者、CEO 等推动变革的领导者需要在行动中扮演真正的角色。在公制转换失败和《华盛顿邮报》成功转型的案例中，变革行动中不同角色之间的差异是非常明显的。在公制转换案例中，美国国会几乎没有角色投入。即使有很小的贡献，在政府换届后也被完全抹除了。相反，贝佐斯把他自己的资金投入《华盛顿邮报》，而他在变革行动中的投入不止于此。个人时间的投入同等重要。在宝洁，GBS 的领导层把全部的个人时间投入 NGS。我与团队的其他成员在开放式的办公室共同工作，从而能够召开非正式的会议并快速做出决定。即使是胡里奥，每个月也要花费几个小时在一线工作。每一位 GBS 发起者每天都对项目投入了足够多的时间。

角色投入也可以是其他方式。它可以是对商业成果的公开性承诺宣言。例如，在将广告业从传统印刷媒介或电视媒介向数字媒介转换时，相对于仅设置一个企业层面的目标而言，如果能够在对数字媒介进行投资的同时，还对每个项目模块要达到的具体目标进行奖励，那么转换过程将会快很多。

利用孵化项目开始颠覆性转型

对于数字化转型领导者而言，最难回答的问题是：如何才能获得前进的动力？在转型初期，速度很重要。就像侦破刑事案件，在最初的几天过去之后，找到犯罪分子的可能性会大大下降。如果缺少前进的动力，就可能会导致数字化转型工作停滞。塑造动力的最好方式是快速取得一个暂时性的胜利。有经验的发起者知道如何通过实施一个好的启动项目来迅速获得阶段性胜利，帮助建立前进的动力，刺激转型平稳进行。为了打造 NGS，我们从 GBS 内精心挑选了几位高度可靠的运营高管，让他们专职在 NGS 工作。他们能识别并实施一些启动项目来迅速改变之前的运营方式。2015 年夏天发起的第一批的四个试验（项目）中，我们能确定，至少有一个会在三个月之内迅速产出胜利果实。

本章小结

- 数字化转型是一个艰难的变革。如果对变革领导者授权不足，就会导致转型偏离轨道。

- 1975年美国公制转换的尝试在几年时间内就失败了，因为变革领导者（美国公制委员会）没有获得国会的充分授权来推动这项变革。

- 在数字化转型方面，《华盛顿邮报》的编辑和技术领导者见证了来自所有者杰夫·贝佐斯强有力的奉献和授权。

- 总结一下，实施颠覆性授权需要明确设立以下几个要素。
  - 宏大的转型目标（MTP）——明确表达一个有抱负的宏伟目标，并使人们为了这个目标齐心协力地工作。
  - 能够承担风险及失败的空中掩护——为转型团队提供成为"干中学"团队的自由。
  - 领导层在变革行动中的角色投入——通过一种高度投入的个人奉献，清楚地把你的个人成功与变革成功结合起来。
  - 利用孵化项目开启颠覆性转型——通过实施能够快速胜利的项目，帮助转型的飞轮启动。

准则检查清单

参考图 5-2 中的问题，在推进实施数字化转型五阶段路线图的过程中采用一种准则化的方法，评估你的数字化转型战略，并一步步推进。

目标设定	夯实基础（第一阶段）	单点突破（第二阶段）	局部同步（第三阶段）	全面同步（第四阶段）	活力 DNA（第五阶段）

颠覆性授权

1. 是否已经定义了一个明确的宏大转型目标？
2. 是否已经和变革领导者沟通交流，了解了他们在实施变革时需要得到哪些空中掩护？
3. 次要的利益相关者和受到变革影响的人是否已经被告知他们在变革中扮演的角色？
4. 领导者是否已经明确并承诺在转型行动中进行个人投入的程度？
5. 领导者是否已经为变革做好准备，并采取了一些举措来推动变革？

图 5-2　颠覆性授权的准则检查清单

第 6 章

数字杠杆点

数字技术几乎无处不在，以至于决定从哪里撬动数字化转型都会成为一项艰巨的任务。可以用一种准则化的方法来解决这个问题，接下来我们就来看一个成功的案例。

奈飞很可能是现代公司历史上最知名的自我颠覆者。在 20 年内，它至少三次颠覆了自己之前的商业模式（最早是通过邮寄 DVD 颠覆了门店零售和租赁业务，之后又通过流媒体视频和原创内容颠覆了前一种商业模式），而现在又正在进行第四次颠覆性转型（利用其国际影响力再次颠覆既有商业模式）。

奈飞和其他能够实现连续颠覆的企业相同，都具有一种令人震惊的能力，那就是清楚地知道数字技术应用"在哪里"可以最大化地创造或促进颠覆性商业模式的产生,这就是我所讲的"数字杠杆点"。

> 数字杠杆点就是可以最大限度应用数字技术的领域。

奈飞的数字杠杆点

奈飞的多次颠覆式创新都有一些共性点,那就是在创造最佳用户体验和降低成本的同时又能提高市场渗透率。在此表象之下,对变革的快速反应能力、令人羡慕的企业文化和利用技术推动自身商业模式转型的一致意愿是奈飞能够达成既定目标的支撑条件。这三项就是奈飞的数字杠杆点。

奈飞的颠覆式创新

奈飞到底是什么?它是1997年由两个软件工程师里德·哈斯廷斯和马克·伦道夫创建的企业,主业是在网络上出租DVD电影。有趣的是,先前有报道说,创建奈飞的主意是哈斯廷斯想出来的,有一次他租借了《阿波罗十三号》,但因为逾期不得不交付40美元的滞纳金,那时他便产生了这个想法。后来伦道夫进行了辟谣,他说讲述那个故事的目的只不过是为了简要阐述奈飞独一无二的商业模式。奈飞的创意来源不重要,这家企业能够不断通过变革调整自我定位,才是最关键的。

奈飞的第一次转型是用以网络和电子商务为基础的订阅方式替代实体电影零售商店。当奈飞于1998年开业时,网站上只有925部电影。2000年,奈飞明确地向百视达(Blockbuster)提出了建立合作伙伴关系的提议，但是被拒绝了。具有讽刺意味的是，百视达在接下来的五年里生意越来越冷清，而这主要是奈飞造成的。奈飞的第二次转型发生在 2007 年，开始向流媒体内容转型。订阅者只需要支付极少的费用就可以根据自己的需求获得大量的网站内容访问权限。奈飞的第三次转型以原创内容为特征，标志性时间是 2013 年网剧《纸牌屋》的发布。随着国际化业务的推进，奈飞可能正在进行新的自我转型，也就是第四次转型。

当大多数企业还在思考要不要进行一次商业模式转型时，奈飞是如何持续保持它令人羡慕的连续转型的呢？显然，其中有一些重要因素推动其成功转型，例如强大的领导团队和能够形成广泛支持的企业文化。但是这些能够解释奈飞几乎所有的转型尝试都成功这一现象吗？根本原因在于，奈飞明确了自身转型的杠杆点，即察觉未来趋势、使用敏捷文化和采用前沿技术平台。

尽早识别颠覆性技术并利用它

奈飞创建之初的发展目标是成为世界上最大的 DVD 邮寄销售企业。在创建伊始，哈斯廷斯就意识到未来五年宽带速度会呈指数级增长，以这个速度发展下去，可以创造一种新型的视频需求即时满足模式，这就意味着，奈飞现有的模式（客户下订单，几天之后收到邮寄来的 DVD）需要被颠覆。奈飞从邮寄 DVD 转型到流媒体传输，这一举动在今天看起来很合逻辑，但是在当时宽带速度还很低，而奈飞的 DVD 邮寄业务正在蓬勃发展的形势下，这绝对是一个非常大胆的决定。今天奈飞的播放流量占美国所有带宽的 1/3。

在竞争模式出现之前就能够发现颠覆性力量并且加以利用，正是这一能力使奈飞持续保持良好的运营状态。[21]

作为获胜要素的企业文化

第二个杠杆点是奈飞传奇性的企业文化。奈飞给员工以真正的授权，并将在其他人看来已经非常正常的流程继续最简化。奈飞以对待"完全能力人"的方式对待员工。其秉持的基本假设是，员工想为奈飞做正确的事情，如果企业能够给他们自由，他们就会创造出最好的结果，并承担相应的风险推进创新。所以，员工的预算报告不需要经过批准就可执行，他们可以无限期休假。奈飞没有年度绩效审查制度，并且薪酬还很丰厚。[22]

颠覆性技术

第三个杠杆点是奈飞的技术优势。奈飞很早就选择了一个极具延展性和开放性的技术架构。无论是实体DVD销售优化系统还是流媒体视频系统，奈飞一直把技术基础作为一种竞争优势的来源。奈飞网站上的每一部电影都有超过50种不同的版本，能够适应不同的屏幕尺寸和影像质量要求，从而不需要进行格式转换以匹配客户的屏幕尺寸和分辨率。有趣的是，奈飞将它的视频流媒体存储在亚马逊云平台（这是它的竞争对手之一）。[23] 这种区分杠杆点和商品服务的能力是一种重要的战略手段。

总的来说，奈飞能够最大化利用其市场灵敏性、文化优势及技术超前性来不断变革其商业模式。现在我们再来看一个反例，这个企业在对数字杠杆点的理解上就显得没有那么幸运了。

麦当劳的"创新"项目

2001年，国际快餐巨头麦当劳发起了一个雄心勃勃、规模达数十亿美元的数字化项目，项目名字就叫"创新"（Innovate）。它想通过一个全球IT网络把每一个门店的数据都连接到企业总部。[24] 这一数字化规模是前所未有的。它会替代已经使用了十年的企业内部系统，麦当劳的内部IT系统采用一种ERP软件，包括人力资源、财务管理和供应链系统等内容。新系统会向全球30 000多家门店和300多家供应商实时提供这些后台功能。

麦当劳的尝试是值得称赞的，它想使用技术来做最擅长做的事情——向顾客提供最快捷、统一的服务。然而到了2002年，麦当劳在花费了1.7亿美元之后宣布终止这一创新项目。[25]

创新当然需要一个有雄心的创意，然而，麦当劳的问题在于这个创新项目被作为一种技术升级来实施，但事实上技术本身并不是该项目的最大创意。更糟的是，由于这一次IT行动计划的实施降低了服务速度而不得不宣告终结，各个门店已经对总部的IT能力产生了怀疑。与已经证明技术是核心能力的奈飞不同，对于麦当劳来说，技术本身不是一个合适的数字杠杆点。麦当劳本可以利用技术来变革其强大的加盟商模式和供应商体系，从而提高其效率，但是这次行动推进的重点选择有误。

这其中也有成本、范围过大和执行不力等问题，但是根源还是对数字杠杆点的理解不正确。然而无论麦当劳有什么问题，它能够迅速放弃该项目，在这一点上它仍然是能够得分的。比糟糕的项目更糟糕的是一个久拖不决的糟糕项目。

理解数字杠杆点

数字杠杆点属于企业管理中的战略领域，在第四次工业革命中，技术能够在战略管理领域产生最具变革性的影响（不仅仅是自动化）。想要明确这些杠杆点，需要深入理解企业面临的机遇与战略选择。这就是重大数字杠杆点所在，例如数字化零售（如沃尔玛）、大数据（如健康护理供应商）、用户中心（如美捷步）等。数字杠杆点可能在企业内部也可能在企业外部。在内部能力建设上加大数字化转型的投入同样会产生不错的效果，例如高效物流（如亚马逊）、研究开发（如英特尔）、供应链（如苹果公司）等。

每个企业都有适合其自身特征的数字杠杆点。在数字杠杆点选择上，它们不同于其他行业的企业，也不同于行业内的竞争者。

识别数字杠杆点的过程有一个难题，那就是，已经假设人们对数字技术的功能有一定程度的理解，而大多数企业领导者发现他们并不具备这种能力。如果不能确定数字技术能在你的商业模式里发挥何种作用，那么你该如何战略性地选择正确的杠杆领域呢？

好在有一个可以遵循的、经过深思熟虑的程序化步骤。正如你将在接下来的段落中看到的那样，它甚至不需要新的工具或方法。答案仍然是"准则"，这意味着一个经过深思熟虑的方法，即从"我们需要什么"开始，之后评估"有哪些可能性"，最后使用结构化的创意整合这两点。具体来讲：

- 从战略优势、机遇或痛点开始。这要与战略管理流程相结合进行分析。只要你想利用战略机遇，就不会铸成大错。
- 理解数字技术的潜力。通过内部或外部专家来理解数字技术如何与企业目标相结合。领导者形成基本的数字化素养有助于推进这一点。
- 将战略优势、机遇和痛点转化为数字化创意。利用创造性流程把数字技术的潜力与潜在优势或机遇领域相结合。使用类似设计思维的方法会对此大有帮助。

现在，让我们更深入地了解一下具体步骤。

从战略优势、机遇或痛点开始

对于任何一个企业，颠覆性转型都来自下面三个领域之一。

- 启用新的商业模式。
- 创造新的数字化产品或服务。
- 为获得竞争优势而变革流程。

从识别战略机遇开始，有几个战略发展和转型工具可使用。其中最受欢迎的是商业模式画布（Business Model Canvas）。

商业模式画布（见图6-1）是亚历山大·奥斯特瓦德于2008年开发的，它可以可视化地描述和组合企业价值创造、基础设施、顾客需求和财务绩效方面的战略选择。把数字技术应用到这些关键点中能帮助你在新的商业模式、新的商业交易和转型行动过程中识别潜在的创意和交易。

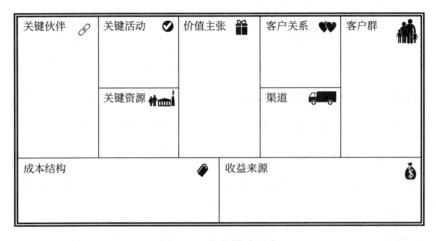

图 6-1　商业模式画布

理解数字技术的潜力

数字技术产生的价值往往比我们认识到的更大。数字技术带来的破坏性就是细节这个"魔鬼"。在明确战略机遇之后，你需要最大化利用内外部资源，从而使指数型技术能够精确地与这些机遇相啮合。第10章的内容也有助于系统化地构建这一认知。理解数字技术潜力的关键是明确最具颠覆性的技术趋势是什么，同时牢牢把握其局限性。

第 2 章中曾提到，奇点大学这样的机构是识别未来趋势的大师。它使用当今的企业案例，提供对未来的神奇洞察，这有助于引发其他创意。总之，正如威廉·吉布森所说的那样，"未来已经来临，只不过时隐时现罢了"。威廉·吉布森是一位科幻小说家，被称为赛博朋克虚构故事的"黑色先知"。深入"未来已经来临"的案例对于理解这一点有巨大帮助。

这里提供几个案例。例如，美国的一些大城市经常采用一种叫作"枪击监控"（ShotSpotter）的技术，利用传感器和算法实时标记枪械开火的地点，精度可以控制在 10 米以内。在中东，机器人的应用就像骆驼骑师一样普遍。网络计算能力保持爆炸式增长。十年以前，全球大概有 50 万个计算设备连接在同一个网络里。到 2020 年，这个数字会超过 500 亿。同时，个人电脑的计算能力继续提高。当前⊖智能手机芯片每秒可以进行 10 亿次运算，它也是所有手机零部件中最昂贵的。未来，手机芯片将几乎可以免费使用。同时，人工智能技术正变得越来越强大，现在已经被应用于税单扫描和短新闻编写。与此相似，软件机器人开始替代业务流程外包（business process outsourcing，BPO）中传统的离岸资源。这就是已经来临的未来。

⊖ 本书英文原书出版于 2019 年。——编者注

对技术潜力的评判有积极的也有消极的，权衡两种判断对于理解技术的局限十分重要。这时就需要可靠的技术专家来帮忙。让我们用容易理解的案例来说明这一点——当利用颠覆性技术时，我们要知道在数字化转型中技术只提供 1/3 的动力，这一点至关重要。还有另外两种力量同时在发挥作用（见图 6-2）。

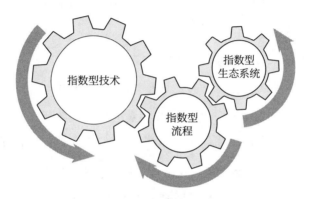

图 6-2　指数型技术、指数型流程和指数型生态系统

第一种力量是指数型流程，即去掉工作流程中的繁文缛节，使用尽可能少的步骤直接形成结果。客户呼叫中心（customer support call centers）就是一个典型的例子。尽管亚马逊的零售产品无处不在，但我们多久才会呼叫一次它的客户服务专线呢？通过重新设计订单管理和物流运营，并向顾客提供完全可视化的自助式服务，目前这一流程几乎完全被消除了。第二种力量是指数型生态系统。如果没有共享经济，没有开发新型资源生态系统的能力，爱彼迎和优步就不可能有今天的成就。正是这种生态系统使它们可以利用的资源翻了好几倍。

将三者整合在一起，数字化转型成功的可能性就会成倍增加。

技术局限：为什么技术只为颠覆性转型提供1/3的动力

理解数字技术的潜力比理解它们的能力更复杂。指数型技术、指数型流程和指数型生态系统三者相互迭代产生的作用远比某种技术本身的作用大，能为转型提供更强的动力。指数型流程和生态系统可以将技术产生的效果加倍。

指数型技术。指数型技术具有颠覆性的功能，因为它们能够产生指数化发展的前景。指数化的概念最初源于"每18个月电脑的性价比就会翻倍"，然而目前这个概念已经扩展到所有具备颠覆性能力的技术领域，包括人工智能、机器学习、纳米技术、3D打印、物联网、机器人、合成生物学和生物化学。在企业层面，新的技术正在变革业务运营的方式。可以想象，未来的自助服务中心将由虚拟客户助理直接负责。许多机构正在尝试使用虚拟财务顾问。自然语言生成器和机器学习能够实时地、自动地撰写最新的财经或体育类新闻。算法开始变得超个性化，并能够向顾客推荐产品。

然而，指数型技术只是转型动力的1/3。

指数型流程。相对于把现有的工作流程自动化，指数型技术在重新构想新型工作流程方面能发挥更大的作用。对此我们已经眼见为实——设想一下，从百视达的实体店电影租赁发展到奈飞的第一个DVD邮寄租赁订单，电影租赁流程发生了怎样的变化？

以前我们租一张DVD需要专程去一趟商店，而现在是一种不同的流程体系，在该流程体系下我们已经不用专程跑一趟。虽然业务流程大不相同，但是我们获得的结果（租到影片）是一样的。

指数型生态系统。最后一个动力是通过构建人力和技术资产生态系统，打造充分利用无限资源的能力。通过技能共享服务，你现在几乎可以雇用任何熟练工种——从律师到网络工程师。如果有需要，还有不断新增的服务性资产可供利用，比如软件服务、货运物流服务等。

将战略机遇和痛点转化为数字化创意

最后一步是利用创造性思维过程（creative ideation processes）把战略机遇和数字技术的潜力结合起来。这不只是使用数字技术识别机遇，并将之自动化的过程。如果仅仅这样做，就仅能称作数字化（使用数字技术驱动某项任务自动化），而不是数字化转型（通过数字技术进行创新或者再造）。两者的区别在哪里呢？举个例子，在 21 世纪初，当大部分连锁酒店忙于采用自动化和手机终端入住系统之时，爱彼迎却悄悄地彻底取消了办理入住手续的前台。真正的数字化转型不仅仅需要自动化，还需要对业务环节进行重新构想和重新设计。

实现这一目标需要借助管理工具，而在我的认知范围内，设计思维不失为一种最好的手段。伟大创意的构建需要借助一个理想的工具，而设计思维恰恰具备这一理想工具应具备的特征：以人为中心的方法，通过头脑风暴快速产生多种创意的能力，以及把抽象概念转换成有形的原型并进行测试。[26] 设计思维使用创造性力量将第一步中识别出的商业机会和第二步中明确的颠覆性技术趋势整合到一起，形成一个连贯的数字杠杆点集合。

总结来说，数字杠杆点是由指数型技术、流程和生态系统造就的最佳转型选择。把数字杠杆点转化成伟大创意是数字化转型成功的关键准则。如上所述，这里涉及三个简单的步骤：首先识别战略机遇，然后理解数字技术的潜力，最后使用设计思维之类的工具提出数字化创意。

如何在现实生活中使用设计思维：美国银行的"存零钱"项目

互动设计基金会（Interaction Design Foundation）对设计思维的定义是："设计思维是一种设计方法论，一种以解决方案为基础的问题解决方式。它在应对复杂问题、未能准确定义的问题或未知问题方面极其有效。"该基金会是一个业内领先的非营利性设计思维教育基金组织。设计思维在产品设计师和其他创意专家中已经流行了一段时间，而如今它被应用到更多的领域。

美国银行的"保持变革"（Keep the Change）项目提供了一个关于设计思维的典范。2004年，美国银行雇用了一家设计公司来帮助其识别创新性的概念，从而鼓励婴儿潮时代出生的女性开设更多的银行账户。这个团队做了大量的研究，包括追踪他们的目标用户以了解她们的习惯和行为。最后，他们偶然得出了两个根本性的观点：第一，婴儿潮时代的女性存钱很困难，在多数情况下这是因为她们根本没有存钱的习惯。第二，她们似乎喜欢凑整交易，因为这样对她们来说更容易计算。基于这两个观点，美国银行于2005年末发起了"存零钱"项目。这个创意非常简单。持有美国银行借记卡的客户可以在美国银行单独设置一个储蓄账户，每发生一笔消费交易，银行就会根据消费额匹配一个金额自动存入储蓄账户并冻结三个月，每年银行会将消费总额的5%作为奖励返还给客户（总额不超过250美元）。例如，当用户消费一杯1.50美元的咖啡时，银行就会直接扣除2.00美元，多出的0.50美元存入"存零钱"储蓄账户。到2010年，这一创意已经为美国银行赢得了1000万个新客户，并帮助银行客户储蓄了18亿美元。

本章小结

- 发现数字杠杆点的实质就是最大限度地利用数字技术的战略优势和机遇。我们可以通过深入理解企业的战略优势和机遇来识别数字杠杆点。
- 为了进行数字化转型,数字杠杆点需要被转化成数字化创意,这主要涉及以下三步。
    - 从战略优势、机遇或痛点开始。
    - 理解数字技术的潜力和可能。一场有关指数型技术、指数型流程和指数型生态系统的头脑风暴可以用来识别出任何行业领域的颠覆性可能。
    - 把战略机遇和痛点转化为数字化创意。即使在复杂的情况下,设计思维也是一个非常好的工具,可以用于提出新的、颠覆性创意。

准则检查清单

参考图 6-3 中的问题，在推进实施数字化转型五阶段路线图的过程中采用一种准则化的方法，评估你的数字化转型战略，并一步步推进。

| 目标设定 | 夯实基础（第一阶段） | 单点突破（第二阶段） | 局部同步（第三阶段） | 全面同步（第四阶段） | 活力DNA（第五阶段） |

数字杠杆点

1. 你是否已经检验了所有潜在的数字杠杆点，包括创造新的商业模式、新的产品和高效率的颠覆性运营？
2. 你是否已经考虑了利用企业外部关系实现数字化转型的可能性，包括伙伴企业、供应商和顾客？
3. 你是否通过使用商业模式画布或类似的框架，使数字化颠覆创意和最有影响力的战略选择协调一致？
4. 你是否考察了所有的三种转型动力——指数型技术、指数型流程和指数型生态系统，来鉴别数字化转型带来的颠覆性可能？
5. 你是否采用了一个非线性的创意过程，例如设计思维，来创造新的数字化创意？

图 6-3　数字杠杆点的准则检查清单

第三阶段　局部同步

第三阶段是什么	企业范围内的数字化转型战略局部完成。"局部"一词指的是部分业务完成转型，而不是转型工作和任务之间形成同步
转型失败的原因	在转型过程中核心组织变革管理的低效率和转型项目数量不足
应对风险的准则	• 有效转型核心组织的变革管理模式 • 建立一场彻底转型所需的战略充分性

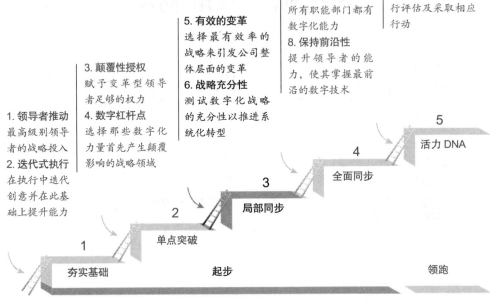

数字化转型第三阶段的指导准则

第 7 章

有效的变革

作为一个消费者，我十分痛恨客服中心强制我和机器人对话。必须通过一长串的选项才能获得机器人的帮助，这种体验很糟糕，尤其是当它们对声音的识别表现得很差劲的时候。（也可能是我盲目歧视机器人，将来当它们成为人类的霸主时，我就得付出高昂代价啦！当然这只是玩笑话。）2015 年，当我们的 NGS 团队发现以人工智能为基础的电话客服中心服务成为初创企业最关注的颠覆性转型项目时，我很震惊。当时，我们在为宝洁的全球消费者关系（Global Consumer Relations）服务寻找"10X 创意"——通过不断发现"10 倍创意"来优化解决方案，从而为遍布全世界的宝洁产品消费者提供电话、电子邮件和社交媒体服务。我们创立了 NGS 项目，并以四周时间为周期快速完成了技术性假设检验，结果证明这个项目是一个非常具有操作性的"10倍创意"项目。

两个月之后，我们结束了这个试验。这一方案的确可行，GBS的领导者很明确地支持这一尝试，但是这个项目没有在宝洁核心组织中取得令人满意的成果。叫停此项试验的决定是基于 10-5-4-1 的组合方法，也就是每 10 个试验（项目）中，我们要终止其中 5 个，期望剩余的 4 个能够产生 2 倍效果，最终只有一个将会产生 10 倍效果。在接下来的三年里我们同样会不断终止数十个潜在可行的项目。在 90% 的情况下，问题不在于技术的可行性，而是作为技术采用方的组织内部缺乏足够的实施进度和效果。在此情况下，我们的目标就转变为尽早结束试验，公开地接受"结束决定"，并且在其他领域继续前进。

两年后，全球消费者关系的内部组织条件发生改变，所以之前被搁置的项目又被重新启动。现在它反而成为既有项目组合中最成功的项目之一。

变革管理是转型第三阶段成败的关键

变革管理在任何阶段都十分艰难，但即使在实力雄厚、准备充分的企业中，它也是导致第三阶段数字化转型失败的主要原因。即使企业已经发布了转型战略，但变革单元要想在核心组织中找到生存空间依旧相当不易。

宝洁 GBS 的颠覆性经历为 NGS 的变革管理提供了一个有效思

路。我们决定采用的运作模式是创造变革（change creation）而非接受变革（change acceptance），这与传统的从创造新产品到接纳新产品的过程恰恰相反。举一个简单的例子来说明这种反向的方法：在决定把 NGS 团队设置在硅谷还是辛辛那提的宝洁总部时，我选择了后者，因为我确定，把 NGS 团队设在辛辛那提能够更好地推动核心组织变革。

> 采取从被动接受变革到主动创造变革的反向行动策略。

本章讨论了如何以一种准则化的方法来选择有效的变革模型，主要分为三个步骤。

- 明确组织所处的变革背景（例如变革需求十分强烈——企业处于危机之中、要求主动变革等）。
- 为它选择合适的变革管理模式（例如有机变革，或者无机变革等）。
- 制订计划以激励那些被变革影响的主体。

为了说明以上三部曲如何推进，在将其应用于选择变革模型之前，我们先审视一些相关的案例。年轻的读者对千年虫（Year 2000，Y2K）可能只是略有耳闻，但在 20 世纪 90 年代，该事件轰动一时。那时候，信息技术的应用还不像今天这么普遍，这使得这个人们难以理解却非常令人担忧的问题登上了媒体的头版头条，而这个问题一旦发生将会引发一系列灾难事件。

为什么修复千年虫的行动成功了

修复千年虫的行动可能是我们所见过的在信息技术问题上最成功的全球合作案例。这个问题产生的根源与20世纪的编程习惯相关,当时代表年份的数字(例如1998)通常用两个数位存储(例如98)。这个程序对任何涉及年份的计算(比如计算代表"下一年"的数字)是通过对此两位数字简单加总完成的(例如98+1=99)。这种计算方法对于20世纪的大多数年份来说都适用。但是,如果计算结果是三位数(例如99+1=100),问题就产生了:多数基于两位数算法的程序不能正确识别这个三位数结果。

此外还出现了一些次要的小问题,如电脑程序员对公历年闰年的编码方法。他们简单地将任何能被100整除的年份都编码为不是闰年,但忘记了能被400整除的年份是一个例外。因此,2000年应该被编码为闰年,但计算机编码中没有做到这一点。

这个问题很容易解释,但是修复起来很难。没有一个简单的方法能够用来检查正常的四位数年份在哪些特定的程序中使用了两位编码法。更糟糕的是,许多程序会在使用过程中实时更新,而有关更新的记录基本无迹可寻,因此必须逐个确定某个程序是否需要修复千年虫。

新千年如期而至,结果当然是平安度过。在20世纪末期,政府和企业领导者最终以各自的方式成功修复了千年虫。值得注意的是,那时候信息技术还没有被大多数企业领导者和利益相关者完全理解。即使如此，大多数领导者却很明确成功解决这一问题的重要性，虽然他们不能完全理解问题发生的原因。

Y2K：一个危机变革管理的案例

千年虫首次被关注是在 20 世纪 80 年代。1984 年，由杰罗姆·默里和玛丽莲·默里所著的《陷入危机的计算机行业》（*Computers in Crisis*）一书出版，该书极具影响力，而千年虫正是这本书主要关注的问题。现代互联网的前身新闻组（Usenet）的用户迅速认识到了这个问题，到 20 世纪 90 年代，不同程度的惊慌已经传遍全世界。尽管没有人能准确预测影响的破坏程度，但可以预见的场景都很糟糕：飞机可能会从天空坠落，银行可能发生错误交易，国家安全可能受到影响，商业运营可能遭到严重破坏。为了阻止这些灾难的发生，政府、企业和公众在采取相关行动上的愿望是一致的。

从理论上来说，修复千年虫唯一的办法是所有 IT 公司把其他重要事项放到一边，优先修复它们所发布的各种程序。然而，当大多数人认识到这一点的时候，已经是 90 年代末期了，并且时间还在无情地向新千年靠近。修复这个问题要求世界各国协调互助，可以说这是一项前所未有的工作。只有在科幻小说中，当外星人入侵，或者小行星迫近时，整个世界才会快速聚集到一起，对抗迫在眉睫的危机；而在科幻小说之外，如此大规模的全球合作还是第一次。

修复千年虫的过程完美地向我们展示了对于全球共性问题的去中心化执行（decentralized execution）策略。每一个具有 IT 能力的企业都设立了一个 Y2K 项目。虽然这项工作杂乱无章、困难重重，但大多数在 Y2K 项目中效力过的 IT 专家都认为这是他们职业生涯中最愉快的一段经历。工作目标很清楚，难度虽大但报酬丰厚，任务艰巨，但不容失败。所以，这个 20 世纪最零乱的 IT 项目（或者说最具去中心化特征的项目）成为世界上最成功的 IT 变革管理案例。

后来，危机情境下的合作作为一种社会学现象得到广泛研究，它为如何催生积极的变革动力以完成数字化转型提供了极好的研究视角。

修复千年虫是一个创造变革而非接受变革的典范案例。这是符合历史趋势的行动。每一个企业（不管其他企业怎么做）都确切地知道自己应该做什么。这项行动也是危机管理的典型案例，即在面临一个明确的威胁时，冗余资源发挥了作用。

需要澄清的是，我们的目标不是构建基于危机管理的数字化转型框架。在危机管理的情境下，当然可以充分利用企业的冗余资源。例如，2005 年宝洁的 GBS 就利用冗余资源实现了吉列与宝洁的整合。两家企业整合的过程与 NGS 的成长不太相关，但是就我的经验而言，它也是为实施成功的变革管理创造条件的经典案例之一。

宝洁如何整合吉列

2005 年 1 月，宝洁宣布以 570 亿美元成功并购吉列，这是至今为止宝洁实施的最大的一个收购项目。这家全球家喻户晓的企业（拥有汰渍、碧浪、潘婷、帮宝适、玉兰油等品牌）通过并购增加了更多的标志性品牌，如吉列、博朗、金霸王等。

宝洁的 GBS 和 IT 部门的总经理菲利普·帕塞里尼是一个具有前瞻意识的领袖，他把此项收购视为一个机遇。他认为他可以在不增加雇员或人员开支的情况下整合两家企业的 IT 相关服务。更进一步，由于宝洁希望可以比华尔街对这次并购的预期做得更好，于是帕塞里尼提议在 18 个月内完成整合全部的 IT 系统。

帕塞里尼全力以赴，最终宝洁不仅超额完成而且提前完成了成本协同目标。通过有意识地创造接受变革的环境从而促成了这一出色的成果，在这一点上宝洁的做法是非常有借鉴意义的。

帕塞里尼计算出整合时间每延误一天就意味着 300 万美元的成本协同损失，这在企业中制造了一种真实的紧迫感。

此外，帕塞里尼承担了个人风险保证完成这个目标，并采用高度可视化和结构化的办法来推动变革，这在宝洁内部创造出一种态势，在某种程度上使那些阻碍变革的惰性根本难以在企业内部扎根。

宝洁的每一次系统变革都实施得很好。变革过程中产生的任何问题都能得到"超关怀"（Hypercare）中心员工的及时处理，该中心旨在保障所有业务正常运转。在并购整合案例中，宝洁行动迅速、成果显著，堪称业内成功典范。

我有幸参与了宝洁的千年虫行动计划，也曾担任宝洁的 CIO 负责整合吉列的 IT 系统，因此我十分愿意对比这两种变革管理模式的优劣。尽管变革动力大不相同，但它们都为接受变革创造了良好的环境。在本章接下来的内容里我将描述领导者如何用一个简单的变革框架解读面临的变革环境，并在组织内部营造出强烈的变革动机。

宝洁收购吉列：如何实施激励性变革管理

并购总意味着赌博，在所有的兼并和收购中有70%~90%是不成功的。整合并购对象的IT系统和流程与复杂的数字化转型一样艰难。二者有一些共同点：在进行剧烈转型的同时，还要保持稳定的运营核心；同时，它们都属于比较难的变革管理任务。变革往往是以准则化的方式推动的，但宝洁并购吉列是一个例外。

吉列最大的股东沃伦·巴菲特把这次并购称为"梦幻交易"。宝洁倾向于生产女士产品，而吉列倾向于生产男士产品，并购将这两家企业完美结合起来。话虽如此，这对宝洁来说却是一个大胆的举动——消息宣布后，宝洁的股价下跌了2个百分点。只有形成协同效应降低生产成本，这次并购才会被认为是一个成功的交易。通常情况下，财务管理会假设成本协同效应和收益协同效应同时存在，但是在短期内并购造成的成本协同效应往往会更明显。宝洁承诺在并购后的三年内实现每年大约10亿美元的成本协同效应。这意味着，两家企业的联合运营，尤其是支持性环节，要采用一种更加精益的方式。所以，整合IT系统和流程是非常重要的。然而，考虑到吉列的规模——一个年收益超过100亿美元的全球性跨国企业，整合工作可以说是一项相当艰巨的任务。

宝洁GBS的总经理和CIO菲利普·帕塞里尼进行了一次大胆的赌博。他承诺在不增加开支和雇员的情况下完成两家企业的整合工作。问题是，我们应该如何执行这一整合任务？

第一，宣布这一目标，并明确将其列为优先任务。在并购后的几天内，企业内部宣布吉列整合项目成为所有现有和计划进行的 IT 项目与共享服务中的优先项。这意味着宝洁的其他业务若有增加 IT 新功能的需求则会被暂时搁置。

第二，帕塞里尼亲自挑选参与吉列整合项目的人员。没有办法为每一名员工留出足够的准备时间，一旦被选中，员工会被立即从原来的岗位上调离，这需要得到每个员工的理解。

第三，在并购后的几天内，两家企业的 IT 战略目标就被紧密地结合在一起。宝洁已经有了令人羡慕的全球标准系统——一个面向全球业务的单一 SAP 系统，即便在今天，大多数企业都无法企及。吉列会被整合进宝洁的 SAP 系统中，对于这一点，宝洁 CEO 雷富礼全力支持，并且宣称对于任何愚蠢的质疑都不予理睬。

第四，针对整合决策制定了一个清晰的架构。在最高层面，吉列 CEO 和宝洁 CFO 负责领导转型理事会的工作。整合架构中的每一个领导角色都以"一角两人"（two in a box）的模式设立，即吉列和宝洁双方各自出一个领导者。

第五，帕塞里尼创立了一个严谨的项目管理结构。他亲自挑选了一位年轻但极具天赋的 GBS 领导者来领导整个整合项目。这位领导者快速地把转型目标设定为三个阶段。IT、人力资源、财务、订单管理和生产系统的重要"切换"时间节点被快速确定下来。一些反对这个时间节点的意见被稳妥而坚决地处理了。最终，该整合项目成为一流的成功案例，执行的严谨性得到了回报。

营造变革环境的准则

千年虫案例和吉列案例能够帮助我们理解变革模式何以取得成功。在第一个案例中，世界正面临着灾难性的一幕。然而，吉列整合项目成功地创造了有利的变革环境，这一点并不比全球危机情形下的千年虫项目差很多。那么，变革领导者如何在非危机的情境下挖掘出企业的冗余资源呢？

> 关键在于识别出正确的变革态势（例如变革紧迫性 vs. 接受度），如果有必要的话，还要通过强有力的领导、交流和准则创造出特定类型的变革态势，这一点相当重要。

强有力的变革领导者会根据直觉创造这些条件。但是直觉背后也有一定的科学性，这需要准确理解组织环境并采用正确的变革管理模式。强有力的变革领导者明白他们在发起者层面以及在受变革影响的群体中能获得多少支持。他们了解企业的主流文化，明白什么样的沟通模式最有效率。为了说明这一问题，我在图 7-1 中用一个简单的模型将变革的紧迫程度与主流文化进行匹配。危机形势是非常容易识别的，因此更容易选择正确的变革模式。这种紧迫性通常会压倒其他因素，包括变革文化。修复千年虫就属于这一分类。

宝洁整合吉列则相对复杂。这不是一个商业危机，这个过程包含不同的动机，其中之一就是在稳定中进行变革。当时采用的成功策略是，通过使用内部激励体系创造出一个"欢迎变革"的文化氛围。通过设定一个共同目标来实现外界期望甚至超越外部期望，并制定一个对于所有参与者都适用的严谨组织框架和问责框架（像帕塞里尼那样给每一分钟延误都贴上现金损失标签），这样就制造出了一种统一的紧迫感和目标感。关键在于识别出正确的变革态势，如果有必要的话，还要通过强有力的领导、交流和准则创造出特定类型的变革态势。

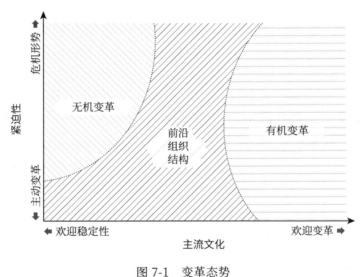

图 7-1　变革态势

使用正确变革模型的准则

一旦根据图 7-1 识别出了变革态势，下一步就是决定是采用有机变革（通过前沿组织结构进行变革），还是采用无机变革。下文将对两种变革模式进行定义。

在前沿组织结构里，知识和能力被置于组织的"前沿"，它可以自由地去创新。[27] 根据图 7-1 所示，如果时间和能力允许，而内部欢迎变革，那么通常可以采取有机变革模式。否则，你就要考虑设置前沿组织结构或进行无机变革。

有机变革

有机变革涉及的内容有：设定内部数字化转型目标，培养需要的组织能力或者进行外包，对组织进行相关教育，并设定恰当的项目执行框架。通用数字（GE Digital）是美国通用电气公司创立的一个独立部门，这一广为人知的数字化变革就是一个有机变革案例。尽管通用电气试图成为一个数据公司的战略失败了，但其失败原因更多与其他两个准则相关（迭代式执行和战略充分性）。

采用指数型组织的技术、行为和流程是一种加速有机变革的方法。从本质上说，指数型组织主要利用新型组织技术来获取指数型技术优势。采用这些技术的目的是建立敏捷、开放的团队和快速决策，并与指数型工具，例如算法或众包等结合应用。

前沿组织结构

如果没有足够的时间，而且主流文化对变革是抵制的（即使不是完全封闭的），那么有机变革就不会奏效。在这种情形下，创建能够进行颠覆式创新的前沿组织就成为比较受欢迎的方法。前沿组织是一个相对新颖的结构，有助于推动变革。这类组织由高度扩展和不受限制的人员组成,在创造和适应变革方面具有敏捷性。臭鼬工厂(Skunk Works)这个极具创新性的传奇团队就是前沿组织的典型案例。作为一个独立的组织,臭鼬工厂于1943年在洛克希德·马丁公司(Lockheed Martin)创立,该组织不拘于日常的流程和准则,其自主性使它在开发XP-80喷气式战斗机这一项目上花费的时间打破了世界纪录。前沿组织必须被赋予充分的行动自由,使其不受企业核心业务准则的限制,只有如此该类组织才能产生较好的效果。

无机变革

如果现有能力和时间有限,同时内部抵制变革,那么最好的选择可能是对外进行收购或与外部实体结成合作关系。沃尔玛收购Jet.com是一个好例子。由于大部分与收购相关的变革都以失败告终,无机变革本身也存在风险。然而,通过给予被收购企业充分的授权和有力的变革管理支持,这种方法可以帮助快速构建起新的能力。

更多信息可参阅萨利姆的《指数型组织》[28]一书,该书对有机变革、颠覆性结构和无机变革给出了四个战略选择,并就细节进行了阐述。

选择最合适的变革模式会有力地推动数字化转型。然而,要保持持续的转型动能,通常还需要克服组织内免疫系统的排异反应。

遵循这一准则,选择在你所处的态势下最好的变革模式(例如有机变革、前沿组织结构、无机变革)。

如何科学管理组织的免疫系统

组织的免疫系统未必是坏事。和人的免疫系统一样，它扮演着至关重要的角色。人体内的免疫系统保护我们免受疾病侵袭，使我们得以保持健康。免疫系统混乱会导致身体出现问题——免疫系统缺陷使人体极易受到感染，而免疫系统过于活跃也不利于身体健康。但总体来说，我们都希望拥有健康的免疫系统。

若事实如此，那为什么很多变革领导者在事情变坏时会责怪企业的免疫系统呢？难道受过训练的变革领导者不了解他们自己企业内部的免疫系统作用机制，并且不能给出适当的处理办法吗？

在我任职的三年里，NGS 实施的 25 个试验（项目）都针对免疫系统的作用进行了积极讨论，并制订了相关的预防性计划。这种预防性做法与此前对待颠覆性变革的做法大相径庭。

有三个关键的准则要牢记。

- 免疫系统不一定是一个坏东西。要预测并对免疫系统的反应做好准备。
- 免疫系统反应可以在组织的所有层级产生，但最棘手的问题发生在中间管理层。
- 变革幅度越大，免疫系统的反应越难应对（也就意味着数字化转型越难）。

第一个准则我们已经讨论过了，现在重点关注中间管理层的反应。在大多数公司中，高层领导者很容易被变革所鼓舞。与此类似，年轻的一代也会很快加入进来。但处于关键路径上的中间管理层倾向于降低变革速度，甚至有时会阻碍变革。术语"冷漠中层"（frozen middle）说的就是这种现象。这一概念源于 2005 年乔纳森·贝恩斯在《哈佛商业评论》上发表的一篇文章。[29] 贝恩斯的观点是，CEO 为提升公司业绩所能做的最重要的事情，就是培养中间管理层的能力。

"冷漠中层"准确描述了中间管理层免疫系统的混乱状态，人们因此也很容易将组织内的固执和惰性归罪于中间管理层。事实上，变革的领导者和发起者应该负责带领中间管理层进行变革。不妨这么想：正是所谓的"冷漠中层"使企业免于不必要的分心从而保护了企业，恰恰就像免疫系统保护身体免受有害病毒的侵扰。中层管理者在大多数时候因为维持平稳运营而受到奖赏，（在变革中）他们所做的是常规的激励体系鼓励做的事情，却因此受到了批评，这公平吗？因此，我们必须将免疫系统混乱与正常的免疫系统反应区分开来。

在 NGS 内部，若项目进展缓慢，我们会找出所有相关的中间管理层。我们做了很多工作让他们加入变革，包括和领导者一起讨论，调整激励措施，从而鼓励中间管理层在变革项目中展现他们的领导力。对于一些容易遭受免疫系统排异反应的项目，由发起者介入设置适当的激励体系。如

> 为保证变革顺利进行，需要特别关注中间管理层，并设立必要的激励体系。

果这也无法奏效，最坏的情形就是迅速终止该项目。这种方法的有效性有赖于组合效应，也就是说，在项目组合中总还会有其他发挥正常作用的项目。

为什么"冷漠中层"在数字化转型中尤其重要

尽管"冷漠中层"的概念被广泛地应用，但在数字化转型中克服它的惰性更为重要。真正的第五阶段转型所需要的变革动能是巨大的。这不只是一种技术、产品或流程的变革，而是一种企业文化的变革。中间管理层需要带领组织其他成员学习新的能力（即数字化能力）和数字时代的新工作方式，如鼓励采用敏捷型方法、承担风险以及重塑商业模式和内部流程。显然，只对中间管理层进行培训从而激发数字化潜能还远远不够，企业还需要重构激励体系和组织流程。

本章小结

- 每一架飞机都会面临逆风起飞，多数数字化转型都面临阻力。解决这一问题的办法是设计一个准则，以明确具体采用何种变革模式。
- 为了理解成功的变革管理是如何发生的，本章介绍了两个成功的案例——全球千年虫修复案例和宝洁整合吉列案例。
- 对于如何选择最佳变革模式这一问题，可以采用准则化的步骤。首先，对企业的变革态势有清晰的理解。
- 其次，基于变革态势，有三种类型的变革模式可以应用于数字化转型。
  - 有机变革。
  - 前沿组织结构。
  - 无机变革。
- 最后，解决"冷漠中层"的激励体系问题，这一准则有助于中间管理层主动培养变革能力和文化，使其接受数字化转型并在其中发挥重要作用。

准则检查清单

参考图 7-2 中的问题,在推进实施数字化转型五阶段路线图的过程中采用一种准则化的方法,评估你的数字化转型战略,并一步步推进。

| 目标设定 | 夯实基础(第一阶段) | 单点突破(第二阶段) | 局部同步(第三阶段) | 全面同步(第四阶段) | 活力 DNA(第五阶段) |

有效的变革

1. 领导者和核心组织广泛认可与支持变革管理比技术转型难十倍吗?
2. 你是否已经觉察到了变革的紧迫性和企业对于变革的态度,并努力去迎合一种特定的变革态势?
3. 你是否谨慎地选择了一种合适的变革模式(即有机变革、前沿组织结构或无机变革)?
4. 你是否识别出了可能会成为"冷漠中层"的角色和员工?
5. 你是否设计了新的激励体系,以激励"冷漠中层"投入变革行动中?

图 7-2 有效变革的准则检查清单

第8章

战略充分性

2000年3月，距离互联网泡沫破裂还有6个月时间，那时我对股票市场充满了热情。网络交易极度便利，我尝试性地买了几只科技股，在几周之内股价就翻了一番。我想，这真是令人兴奋，我应该再多投资一些。我知道股市会出现低迷的风险，因此决定再投资几只共同基金，而不是投资某只股票。三个月后，互联网泡沫破裂，我持有的股票价值仅为最初投资的一半左右，而共同基金的投资组合也不够多样化。幸运的是，我并没有把太多的钱投入股市。然而，这已经是关于投资组合管理的痛苦教训了。

正如你所知道的那样，良好的投资组合管理要能够在指定的截止日期之前实现投资回报目标。它涉及创建一个多元化的组合，包括高、中、低风险部分，尽管存在逆势波动和经济周期，但投资组合要能够最大限度地实现既定目标。这是一种行之有效的模式，适用于散户投资者。这就引出了一个更相关的问题：为什么大多数数字化转型不能像有准则约束的投资组合那样来管理呢？

数字化转型的组合

投资组合管理方法也非常适用于推动数字化转型的实施。首先，定义一个最终目标，例如在给定日期之前业务实现数字化的比例。其次，通过将高风险和低风险的项目最佳地组合在一起，利用组合效应降低风险。最后，生成足够数量的项目来构建这个组合——提升企业数字化转型实现的百分比。我称这种方法为"战略充分性"。

NGS 的投资组合模式就是这样设计的，这将在本章的最后进行介绍，有助于我们反思为什么我们没有看到更多有关战略充分性的案例。简单一点回答就是，如果缺乏必要的投资组合准则，变革就会成为一时的冲动，从而产生种种谬误。

华而不实是战略充分性的敌人

战略充分性的核心是对项目组合和项目数量实施严格检查。单纯的热情与冲动不能促进变革。别误会我的意思——对变革保持热情是至关重要的，但如果没有严谨的计划支持，事情就会走向反面。

如果在进行数字化转型时出现以下六项活动之一，也许就是时候采取更严谨的措施了。

- 硅谷的麦加之旅——穿着商务休闲装，对初创公司的神奇产品惊叹数日。或者整日在大型科技公司创新中心的玻璃房子中度过，试图为你的困境寻找"灵感工作坊"。
- 孤独的创新星球——在全球创新中心招聘了一些员工，但是总部的官僚作风令人窒息，他们很快就被核心组织遗忘或忽视。
- 内部众包——尝试从企业内部收集创新想法，或尝试一次性的黑客马拉松，但没有投入必要的资金来实施。
- 外包创新妄想——雇用高薪的顾问来激励创新，企图推进创新迭代，并试图找到外部解决方案。要知道这只是转型工作的开始，真正的永久性转型不能通过外包实现。
- 追求炫酷的实验室——试图将注意力集中在光鲜亮丽的技术上，却不清楚需要解决的问题是什么。
- 高度授权的灵魂型创新小组——它们仅仅具有一些初级的资源，却试图竭尽全力推动企业范围的全面转型。

诚然，这些策略及其构成元素在一个已经取得成功的颠覆性转型企业项目中是能够发挥一些作用的。然而，随意应用这些策略并不一定会推动全面的数字化转型。

> 华而不实是战略充分性的对立面。

一个强大的项目组合和合适的项目数量会带来战略充分性，我将在接下来的内容中展示谷歌的项目组合案例，以及维珍集团的项目数量。这些组织天生就具有丰富的创新文化。在早期成长过程中，它们已经认识到最好的商业策略就是不断变革。它们如何实现变革目标对于我们来说并不重要，我们只需要把它们所应用的准则提炼出来，找到可以复制的经验和精髓。

谷歌的变革公式

谷歌从创业伊始就以创业精神为生命线，前首席执行官埃里克·施密特通过一系列工作（除了日常运营外，还有一些颠覆性和持续性创新的想法）使企业实现了系统性转型，并因此获得外界的赞誉。

一个健康的组合是非常重要的——如果创意过于偏重渐进式变革或者过于偏重高风险，效果就会变差。一个好的组合应包含能够改善日常运营的创意、能够维持发展的想法，以及能够变革游戏规则的颠覆性想法，或者称之为"10X 创意"，它能够产生 10 倍的影响，而不是 10% 的改进。埃里克·施密特主张采取一种组合的方式，不同创意的比例大致按照 70∶20∶10 分配。

70∶20∶10 的转型必要比例

谷歌的变革公式要求员工创新能力的分配比例是 70∶20∶10[30]，具体如下。

- 70% 的能力投入核心业务中。
- 20% 的能力投入核心项目中。
- 10% 的能力投入不相关的新业务中。

关键是创建一个平台，让员工能够承担系统性风险，学会在摸索中前进，并鼓励他们拿出原型而不只是 PPT。创意必须是原创的。企业文化必须提倡"执行"而非"推诿"，在支持核心业务的同时，鼓励极具颠覆性的 10 倍创意涌现。

需要明确的是，70∶20∶10 的比例设置并不是所有创新组合的通用公式。这种比例设置是有依据的。在 2012 年 5 月《哈佛商业评论》的一篇题为"采用创新方法来管理你的投资组合"[31] 的文章中，作者班西·纳格吉和杰夫·塔夫写道：通过研究生产、技术、消费品等行业的企业发现，企业 70% 的创新活动属于核心措施，20% 属于次要措施，10% 属于转型措施，这样做会取得高于同行业企业 10%～20% 的绩效。企业所能做的不仅仅是达到核心措施、次要措施和转型措施之间理想的平衡，还可以使用工具和能力来管理这些措施，并将其整合为一体。

> 建立并专业地管理一个项目组合，产生充分的结果并提升数字化转型。

埃里克·施密特提出 70∶20∶10 变革公式的过程

如果你在 2004 年 8 月谷歌 IPO 的时候投资了谷歌的股票，你可能会感觉相当不错。截至2018年7月，谷歌的股价自IPO以来上涨了近2300%。其中一个关键的推动因素是其令人羡慕的持续转型，这要归功于时任CEO埃里克·施密特对转型所做的努力。

埃里克·施密特出生于弗吉尼亚州，家中有三个孩子，都受到了良好的教育。在东海岸接受了基础教育后，施密特在加州大学伯克利分校攻读硕士和博士学位。施密特曾在几个著名的企业中从事IT工作，包括贝尔实验室、施乐公司的帕洛阿尔托研究中心和太阳计算机系统公司。1997年，他被任命为Novell公司的首席执行官和董事会主席。2001年，谷歌的创始人拉里·佩奇和谢尔盖·布林想找一位职业经理人来管理公司，于是选择了施密特。他的任务是为一个快速发展的互联网企业建设一切所需的基础设施。

施密特很快意识到，在这个瞬息万变的世界里，要想取得持续成功，最好的方法就是聘用最优秀的人才，并营造一个能激发他们创造力的环境。创新不只是少数人在实验室埋头工作。在最具创新性的组织中，创新是一个动词，而不是名词。

施密特突然想到利用70∶20∶10的模式推动当前业务持续增长，并创造出新的业务。这在概念上听起来不错，但谷歌当时面临的第一个挑战是如何将其付诸实践。施密特在接受《商业2.0》杂志采访时说："有一段时间，我们在不同的会议室里讨论不同的项目，这样，如果我们在一个会议室里待得太久，我们就会知道我们没有正确地利用时间。这是一个愚蠢的做法，却很有效。现在我们有专人管理这件事，所以我知道我是如何花费自己的时间的，我确实是以70∶20∶10的比例分配时间的。"

施密特在谷歌的日子里，70%工作中包括核心搜索和广告业务，20%工作中包括谷歌新闻、谷歌地球和谷歌街景，10%工作中包括Wi-Fi倡议，目的是在21世纪初让更多的人免费上网。

70∶20∶10的模式继续被大量创新型企业采用，只是比例有所不同。将高风险项目与基于传统业务的增量努力结合在一起，就能够产生风险管理投资组合效应，这毋庸置疑。

如何对待70∶20∶10模式中的"10"

在70∶20∶10模式的70%和20%部分开展创新活动是非常容易理解的，这其实就是进行颠覆式创新工作。颠覆式创新需要一种非同寻常的思维方式，因此需要新的技能训练。这就是"登月思维"这个概念的用武之地。"登月思维"一词源于约翰·肯尼迪总统最初提出的登月计划，它提倡产生10倍效果的创意，而不是渐进式的创意。谷歌正是这种思维方式的主要支持者。谷歌称，与其费尽心思把传统业务量提升10%，还不如努力开拓新业务，并将之提升100%。虽然这可能是有争议的，但重点是，追求10倍的效果需要打破之前所有的惯例，因为惯例会导致增量思维。因此，"10X"是区分增量思维和颠覆性思维的最优工具。推动一个颠覆性创意的回报可能是巨大的。例如，瑞银（UBS）对谷歌无人驾驶汽车公司Waymo的估值超过1000亿美元。

建立一个"10X"颠覆式创新工厂

谷歌实现"10X"绩效的方法是创建一个独立的边缘组织——X，

以前称为谷歌 X。谷歌内部可能会产生数百个内部创业想法，此外，通过各种会议和众包活动也会获得数千个创新想法。其中，只有一小部分最终在 10X 工厂中实现——也就是谷歌 X。

谷歌 X 最多只能运行容量为 10 个项目的投资组合。谷歌的主要精力还是集中在日常运营和持续改进上。

通过数据挖掘以及谷歌 X 顶尖科学家的判断（他们最终决定了这些创意的命运），将创意从数千个潜在的想法中筛选出来，放入容量为 10 个项目的小型投资组合中。即使这些创意被选中成为备选投资项目，它们也会再次被迭代，以在创新周期的初期尽可能多地消除那些价值较低的创意。在反复迭代之后，剩下的一小部分就是那些具有高度颠覆性的项目。其中，谷歌 X 筛选出的创意有谷歌大脑（超强语音识别、图像搜索和视频推荐）、谷歌隐形眼镜（帮助糖尿病患者通过眼镜监测血糖水平）、谷歌自动驾驶汽车，以及令人兴奋的产品"龙"（通过同温层气球提供互联网接入）、"翼"（城市飞车项目）、"玻璃"（通过头戴显示设备实现增强现实）等。

值得注意的是，许多数字化转型都没有采用类似谷歌"10X"颠覆性投资组合的方式，因为它们认为这种投资组合过于技术性或过于昂贵。事实远非如此。谷歌的创新项目筛选机制几乎不用花什么钱，而专注于 10 倍创意，不到两年就获得了回报。

战略充分性的容量

在你的个人投资计划中，一个良好的投资组合有助于优化风险。然而，这个计划是否能给你带来足够的回报，比如让你舒舒服服地退休，则取决于你在这个计划中投入了多少。这种"输入量"在数字化转型中也有相似之处，指的是有多少创意和项目被输入转型工作中。要知道，转型项目的涌现是产生足够的"燃料"并保障充分转型的基础。有许多方法可以促进产生好的想法和创意，但我最喜欢的一种是"内部创业"，因为它也有助于变革整个组织文化，这是大型企业中实践创业行为的方法。

需要明确的是，没有采用数字化转型技术的内部创业活动成效甚微。然而，当采用了数字化转型技术时，内部创业就成为一个强大的工具。许多著名的标志性产品来自世界领先企业的内部创业项目，例如：

> 有针对性的内部创业可以产生足够多的转型创意，为转型提供充分的"燃料"。

- 数字光处理（DLP）技术——德州仪器。
- Elixir 琴弦——戈尔公司。
- Gmail——谷歌。
- 便利贴——3M。
- Java 编程语言——Sun Microsystems。
- PlayStation——索尼。
- 店内健康诊所——沃尔玛。
- 一些电影剧本——梦工厂。

我认为最引人注目的内部创业案例是维珍集团。维珍集团创始人理查德·布兰森爵士是通过内部创业来推动有序转型的坚定支持者。

维珍集团内部创业的方法

以最客观的标准衡量，理查德·布兰森爵士是一位非常成功的连续创业者。维珍集团已经孵化了 500 多家公司，留在集团内部的目前还有 200 多家。对于一个成立不到 50 年的企业来说，这非常了不起。

最有吸引力的是维珍集团的业务所涉及的行业广度和内部创新企业的成功率。维珍集团如何在如此多元化的业务中保持一致性？在《企业家》杂志的一篇文章中，布兰森谈到了内部创业对于推动企业持续转型的重要性。"CEO 是否能够成为'首席赋能官'？CEO 的主要职责能否定位于培养一批内部企业家，让他们成长为未来的创业家？"布兰森说道，维珍集团偶然发现了这种模式，因为当进入陌生的业务领域时，他们必须让少数内部经营者意识到企业在做什么。维珍集团的内部创业模式显然得到了回报。

维珍集团的流程设计非常有利于内部创业，通过有纪律的沟通、培训和构思流程来培育内部创意。维珍航空的几项创新项目，例如商务舱座位的人字形设计使每一位乘客都有一个卧铺座位，都归功于维珍航空的内部创业项目。维珍集团的企业文化反映了其创始人的风格。布兰森是一个众所周知的赋能者,他坚信要让员工自己做出决定。他秉承一些基本的商业原则,其中之一就是保护来自一线的创意。另一个原则是员工能够在创新中获得乐趣。布兰森将这两个原则作为选择进入哪些行业领域的标准。自下而上收集基于这些原则的创新创意,然后整合形成自上而下的战略措施,这就是维珍集团持续转型的动力[32,33,34],并已经得到集团创新绩效的验证。

内部创业还有其他的益处,它还有助于传播一种持续接受变化的文化。我将在第11章讲解这一点。

理查德·布兰森爵士创造一个不断进化的巨型集团的过程以及他对内部创业的热爱

理查德·布兰森爵士1950年出生于英国萨里郡,父亲是位律师,母亲是位空姐。布兰森早年曾患有阅读障碍,在传统教育机构中学习非常痛苦。16岁时,他说服父亲让他从英国斯托的寄宿学校辍学,创办一本名为《学生》的杂志。父亲同意了他的请求,但条件是他得获得4000英镑的广告收入来弥补相关成本。布兰森最终获得了8000英镑的广告费用,并免费发行了5万份杂志。

1969年,布兰森萌生了创办一家邮购唱片公司以资助杂志业务发展的想法。布兰森和他的商业伙伴尼克·鲍威尔认为他们是商界新人,因此选择"维珍"(virgin)命名自己的企业。此后他们在牛津郡开了一家唱片店,后来又开设了一个录音棚。取得突破的关键点还是维珍唱片。他们签约的第一位艺术家迈克·奥德菲尔德录制了一首热卖歌曲《钟声》（*Tubular Bells*），不久之后维珍唱片与滚石乐队（Rolling Stones）、文化俱乐部（Culture Club）和创世纪（Genesis）等代表性乐队及歌手签约。

1980年布兰森开始涉足旅游业务，创办了旅行者集团（Voyager Group），1984年又创办了维珍大西洋航空公司（Virgin Atlantic）。维珍集团于1989年正式成立控股集团，业务范围从旅游（维珍大西洋）到健康（维珍健康银行），到图书（维珍图书），再到航空航天（维珍银河），净收入195亿英镑（2016年）。

布兰森一直以来都是内部创业的积极倡导者，他把维珍集团的几项创新都归功于这种方式。在被问及哪些案例令他难忘时，他说："我想到的一个案例发生在10年前的维珍大西洋航空公司，那时大型的座椅设计公司都不能解决我们所提出的设计问题。根据我们对商务舱的要求，一位年轻的设计师乔·费里自荐说可以尝试解决这个问题。我们给予他自由，他'跳出框框'的创意——按照人字形布置座位，让我们领先了好多年，为数百万名乘客提供了舒适的飞行服务。"

宝洁的战略充分性

从宝洁GBS的创新经验，我们得到的一个教训是，单靠一些空洞的想法并不能形成一个有准则的、充分的创意组合。因此，我们需要解决推进可持续转型的"正确组合"和"正确数量"问题。我们查看了各种选项，最终建立了NGS，专注于那些"10X"颠覆性变革项目，而核心组织则持续提升传统业务，即70：20：10模式中的 70 和 20 部分。促进"10X"变革创意的产生需要建立不同于常规的流程和激励系统，这种划分是有意义的，它允许我们在 NGS 中采用不同于宝洁其他业务的奖励、许可和风险管理设计机制。

例如，我们培育和支持高风险、高回报项目的一个例子就是创建新的术语。"项目"一词被"试验"代替。项目往往会伴随着成功的期望，而试验则明确向核心组织传达了"风险"的概念。

培育创新行为的另一个例子是 NGS 的投资组合。我们设计了10-5-4-1 策略，我在前文曾经提到过。这个比例设置是根据以往风险投资的经验，对 NGS 来说这些经验同样适用。

充分利用宝洁庞大的内部资源和外部资源生态系统可以获得数百个创意，这就解决了战略充分性的数量要求。总而言之，NGS 的战略充分性很简单——内部资源和外部资源生态系统产生了大量的创意。其中，我们可能会选择 10 个进行正式的"试验"，然后在执行中采用 10-5-4-1 策略。

本章小结

- 要实现充分的数字化转型，需要认清商界传说和真正的系统性转型之间的区别。一个持续的数字化转型首先基于大量的创意，然后对它们进行有效的整理，以淘汰其中大部分略显空洞的创意。因此，战略充分性既包括在创意数量方面要产生充分的动力，还包括将其中一些创意转化为正确投资组合的充分性。
- 运行有效的投资组合，如采用70∶20∶10模式，有助于制订持续的数字化转型计划。
- 在70∶20∶10的项目组合中，"登月思维"或"10X"方法是一种强大工具。
- 内部创业是产生足够数量创意的最佳机制。

准则检查清单

参考图 8-1 中的问题，在推进实施数字化转型五阶段路线图的过程中采用一种准则化的方法，评估你的数字化转型战略，并一步步推进。

| 目标设定 | 夯实基础（第一阶段） | 单点突破（第二阶段） | 局部同步（第三阶段） | 全面同步（第四阶段） | 活力 DNA（第五阶段） |

战略充分性

1. 你是否设计了相关机制，以一种持续的方式在核心组织中生成足够数量的数字化转型项目（如内部创业）？
2. 你是否有一种机制可以让你从试验项目中选择一些重大的、具有颠覆性的创意，并迅速将其复制应用？
3. 你是否有包括风险/激励系统在内的相关机制，允许至少 50% 的项目失败？
4. 你是否将资源按照 70 项（核心业务活动）、20 项（核心业务的持续改进活动）和 10 项（颠覆式创新）的比例分配？
5. 为了推动全面数字化转型的成功，而不仅仅是部分创新活动，你确定好适用的成功标准了吗？

图 8-1　战略充分性的准则检查清单

第四阶段　全面同步

第四阶段是什么	企业范围内的数字平台或新的商业模式已经完全扎根。然而，这仅仅是一次性的变革。它仍然只是一种技术（或商业模式）的变革，不会产生持续的颠覆性影响
转型失败的原因	由于组织结构问题或企业文化问题，没有办法推动这个一次性的数字化转型
应对风险的准则	• 通过数字化再造重新启动IT功能和企业其他部分的技术能力 • 在快速发展的技术领域保持前沿性，以完成一次性的转型和实现成功运营

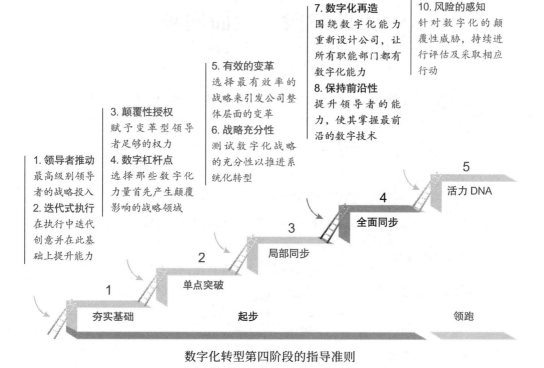

数字化转型第四阶段的指导准则

第 9 章

数字化再造

想象一下这样的场景,在一架现代化的商用喷气式飞机上安装一个第二次世界大战时期的飞机发动机。即使你不是航空工程师,你也知道这是不可行的。老式的发动机缺乏足够的动力使飞机起飞并在空中平稳飞行。然而,大多数正在进行数字化转型的企业却是这样做的,它们依赖于传统的 IT 部门的结构和能力来推动数字化转型!这种做法对于实现第四阶段全面同步的数字化转型是致命的。

数字化企业需要设计一个新的"发动机"。就像从 20 世纪 40 年代开始出现的现代飞机一样需要一种新型的发动机,以获得起飞动力并保持平稳飞行。数字化转型的"发动机"就是新的 IT 功能。此外,现代飞机还需要新型材料,我将之比喻为企业需要提升的数字素养。

我将从第一个主题开始,即企业需要设计一个新的发动机。用飞机做类比有助于我们理解数字化转型。早期的飞机采用活塞式发动机,有点像现在的割草机的发动机。飞机的总重量很轻,只能搭载有限的乘客,而且只能在相对较低的高度飞行。到了 20 世纪 40 年代,军用飞机需要更快的飞行速度,因此要求行业能够开发出动力更加强大的发动机。从简易型飞机进化到更重、更快、性能更好的喷气式飞机需要完全不同的发动机设计。为了促进这一转变,飞机的发动机开始转向涡轮式发动机。

在第四次工业革命中,随着业务发展的数字化,企业 IT 部门的能力也面临着类似的问题。你是用活塞式 IT 功能还是涡轮式 IT 功能驱动数字化转型呢?

飞机发动机技术的演化:从莱特兄弟时代到现代

1903 年,莱特兄弟想为他们的新飞机采购一款发动机。他们发出了一份要约,要求发动机至少能提供 8 马力⊖的动力,总重量不超过 200 磅⊖。他们没有得到任何供应商的回应。在这个行业内有了一些经验后,他们决定自己设计和制造发动机。此后,第一款莱特发动机生产了出来,能够提供 12 马力的动力,依靠汽油驱动,有四个汽缸,由铝制成,重 170 磅。一个世纪之后,飞机发动机技术有了明显的进步。首先,它们的动力更强大,与 12 马力的莱特发动机相比,波音 737-500

⊖ 1 马力 = 735.499 瓦。
⊖ 1 磅 ≈ 0.454 千克。

的一个发动机就能产生大约 18 000 马力的动力。即使小型的本田思域发动机也能产生比第一代莱特发动机高 13 倍的动力!

在此后的 40 年里,活塞式发动机继续为各种飞机提供动力,但它最终不得不面对现代飞机的高动力要求。20 世纪 30 年代末至 40 年代初,随着弗兰克·惠特尔申请了涡轮式发动机专利,飞机发动机的技术路线逐渐改变。

涡轮式发动机为飞机提供新一代的动力,它采用完全不同于活塞式发动机的机械原理和设计方法。活塞式发动机的工作方式是基于往复运动,将燃烧过程中的能量转化为驱动力。

相比之下,涡轮式发动机没有采用往复运动设计,而是采用旋转运动设计。涡轮式发动机前部的旋转叶片装置用于压缩空气,然后将空气与燃料混合并燃烧。燃烧产生的膨胀气体通过一个小出口喷出以产生推力。这种设计极大提升了推重比,如今大多数商用飞机都使用涡轮式发动机,但一些小型飞机仍习惯于使用活塞式发动机。

在本章中,我们把新的 IT 能力和技能作为驱动数字化转换的"发动机"。在传统的观点中,人一向被认为是企业"变革的发动机"。但是对于大多数组织而言,数字技术一向是它们增加收益的"成长发动机"。只有把员工的技能和数字能力系统地结合起来,才能成功打造企业转型的发动机。

企业的 IT 能力是活塞式的还是涡轮式的

在使用"发动机"一词做类比之前,我们需要在术语上稍做赘述。企业内负责数字化能力建设的部门有不同的称谓，例如 IT 部门、全球业务服务部门或转型办公室等。当前，大多数企业普遍设置多个部门来负责这一工作。我坚信所有的数字化功能最终都需要整合在一起，这是本章"发动机升级"的主要内涵。此外，我们还需要为这些名目繁多的部门找到一个统一的称谓。方便起见，本章中将之称为"IT 职能部门"。

正如我们从智能手机不断升级的历程中所了解到的那样，技术迭代的速度非常快。企业的 IT 能力建设也是如此，IT 技术、IT 运营范式和 IT 技能的生命周期都非常短。毋庸置疑，这些都已经在历史中得到了验证。新的变化是传统的"活塞式"IT 职能已经面临拐点，迫切需要一个完全不同的"新发动机"。我们讨论的主题不是简单的演进，而是一种变革式的全新设计。新的 IT 功能不仅要有新的技术平台、新的工作制度或新的技能，还要能够引领公司所有其他职能部门和业务单元共同建立一种"技术赋能型"的商业模式。数字化企业要全面实现每一项职能的数字化，这就需要以 IT 为驱动力。这就是为什么我

> 传统的"活塞式"IT 职能已经面临拐点。企业应该意识到 IT 职能需要一个不同的发动机、一个新的机制、一个新的名称——数字资源职能部门。

认为新的 IT 职能需要一个全新的管理机制和名称——数字资源职能部门。

重新设计下一代 IT 能力的准则

我们可以从 IT 所扮演的角色来理解为什么企业需要把 IT 能力打造成新"发动机"。从以往经验看，IT 在企业经营中一直扮演着"促进便利"的角色，它为企业的运营流程和各种职能提供信息化服务，例如财务、销售、营销、制造、人力资源等各项职能都因 IT 的应用而变得更加有效率。这仍然是当前大多数企业 IT 部门的基本工作职能（见图 9-1）。

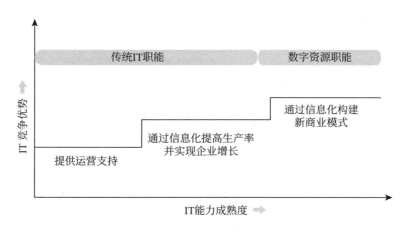

图 9-1　IT 能力成熟度

与此同时，在过去的 15 年里，一种新的商业形式开始发展演化——数字原生公司。数字原生公司不仅仅把 IT 当作一种赋能的手段，它的全部业务都基于数据和数字技术。比如，Barnes & Noble 书店是从实体书店和纸质图书业务起步的；亚马逊则是从在线接受订单和在线支付的电子商务网站起步的，然后建立实体业务。

技术不再仅是赋能者，它成为整个商业模式的基础。

刚开始的时候，市场上的现有企业并不太关注 IT 能力的这种变化趋势。它们认为，这些数字原生公司没有合作伙伴，没有实体依托，并缺乏资源或运营能力，不会对自己构成真正的威胁。随着时间的推移，这种观点当然变成了一种谬论。数字原生公司有便捷优势（例如可以对比一下在线机票预订与传统旅行社订票），也有可能创造全新的数字化商业模式（例如爱彼迎的客房资源共享模式）。换句话说，IT 已经从传统企业内部并不唯一的"赋能者"变成了数字原生企业的全部。伴随着 IT 的新角色定位，企业需要重构其 IT 职能。

通过数字资源职能构建新一代 IT 能力

变革的核心是 IT 从一种"管理"技术转变为"引领"企业数字生态系统的角色。值得注意的是，这种变化不仅仅发生在管理层面，技术、平台和人员技能也都需要重新配置。以下六个明确的变革方向需要关注。

更灵活的技术平台。亚马逊和其他数字原生公司有能力对其系统进行数百次大幅改动，并以每天为周期测试其新商业模式。它们采用的新一代数字化能力能够同时实现规模和速度优势，以支持不断发展的数字化商业模式。相比之下，目前大多数企业的 IT 最初都是为了企业的经营效率和经营规模而设置的。它们庞大且复杂，需要很长时间来构建，又需要更长的时间来调整。思考一下大型企业的内部资源规划系统（例如 SAP），这些庞大的信息系统曾经运行得非常好，因为彼时企业的目标是规模化发展。然而，新的数字化变革已经改变了这一目标。

更敏捷地执行。询问任何一家大型企业的业务单元主管对 IT 项目的看法，你得到的回答中普遍包括大量类似"数百万美元"和"年度计划"这样的内容。与此同时，数字原生公司却可以租用一台带有订单处理软件的服务器，在几分钟内就开展业务并持续运行。大型企业的 IT 部门面临着如何实现敏捷执行的巨大挑战。

基于新技术的相关技能。根据《首席信息官》（*CIO*）杂志的数据，2018 年五大高薪技术岗位分别是信息安全、开发运营、数据科学、商业应用开发和机器学习。[35] 作为第四次工业革命的领导者，企业需要知道的唯一一件事是，这五项与业务应用程序开发相关的技能，在五年前可能仅有一项出现在这个列表之中。你们企业的 IT 人员中有多少人在企业工作超过了五年？有多少人掌握了某种最新的 IT 技能？

引领数字化转型的新能力。未来 IT 专业人员所具备的非技术技能（包括创造力、沟通力、影响力和团队合作能力）与技术技能一样重要。此外，本书还使用了"技术"这个最为广义的术语，因为除了 IT 之外，可能还包括流程映射、商业模式设计、精益执行等技术。"技术"内涵的扩张是可以预料的,因为 IT 职能的角色从"做"技术逐渐发展到"领导"数字化转型。新的数字资源职能需要新的领导力,推动变革的领袖要既是变革型领导者,同时又是技术上的权威。传统的做法是依靠咨询公司,因为咨询公司同时具备这两种能力。尤其在过渡时期,咨询公司可能是一个合适的选择。然而,转型是一个充满各种问题的长期过程,请记住在实现领跑的第五阶段需要实现的长期目标,将在下一阶段介绍。

数字生态系统的治理。美国自由职业者的增长速度是全部就业市场平均增长速度的三倍,预计到 2027 年自由职业者将成为就业市场的主体。[36] 在自由职业市场中,IT 行业的增长速度快于其他大多数行业。此外,随着跨企业的信息系统变得更加互连互通,有市场需求的主导性技术需要更多的跨企业治理,以及更少的企业内部管理。

不断升级的供应商生态系统。IT 供应商和与传统 IT 职能相关的合作伙伴很可能不再适合新型的数字资源职能。一部分原因是容易理解的——那些在稳定性和成本效率目标上实现最优的供应商可能不适合数字化转型。然而,这只是问题的一方面。另一方面,数字化颠覆力量同样作用于传统 IT 行业。传统 IT 服务合作伙伴正受到挤压,因为它们长期形成的以人为中心的商业模式正在瓦解。与传统 IT 供应商签订数百万美元、持续好几年的合同,哪怕仅仅涉及一些商品 IT 服务,可能也不符合你们企业的最佳利益。关注当前利益的合同可能会使成本和效率得到优化,但不会使敏捷性和创新性得到提升。IT外包业中的一个"肮脏"的小秘密是,IT供应商会恪守给定的工作范围,并承诺实现15%～50%的成本节约,这种节约一部分是通过苛刻地优化运营效率达成的,另一部分是因为在既有的工作范围内实在没有太大的创新空间。

升级数字资源"发动机"只是全部工作的一半,因为发动机只是整个飞机的一部分,还需要企业层面的数字能力("飞机")与数字资源职能("发动机")形成互补,这部分内容会在下一节阐述。

数字资源职能是什么样子的

数字资源职能看起来像一只章鱼:有一个中央大脑,各种功能分布式存在。有少量的控制薄层(例如信息安全、数据标准和高级开放架构等),以及用于数字能力构建和颠覆式创新的功能,这是最终的结构状态。几乎可以肯定的是,数字化转型过程中的结构会比最终的结构庞大得多。

在IT部门内部,技能包括通过影响力进行管理的软技能和用于治理方面的硬技能。需要不断创造新的商业模式和执行它们的技术技能。用户体验、设计思维、战略颠覆式创新或流程系统思维等将与核心技术,或行业垂直技能同等重要。

需要更改名称吗

新名称本身就是一个重要的意向标志,这是一个从技术焦点到资源焦点的转变。这也是一个为第五阶段永久性数字化转型设定明确方向的机会。从战术上讲,这也可以为突然出现的一系列令人困惑的头衔提供一些合理性，比如首席数字官、首席数据官、首席分析官、转型官、首席信息安全官、首席信息官和全球业务服务官。

构建全企业范围的新型数字化能力

2014 年，美国电话电报公司制订了一项雄心勃勃的计划：重新培训 10 万名员工，为数字化未来做好准备。该公司 25 万多名员工中，约有一半在科学、技术、工程和数学领域工作；大约有 10 万名员工从事硬件开发方面的工作，而这些业务在未来 10 年将不复存在[37]。做出抉择并不是一个简单的过程——或者雇用数万掌握新技术的人，或者对现有的员工进行大量的再培训。美国电话电报公司选择了后者。如今，它的"职工 2020"（Workforce 2020）项目计划花费 10 亿美元开展一项基于互联网的长期培训，其中包括与大学和在线课程提供商进行合作，以及针对未来职业发展的新型内部能力构建。

这是一项有坚实基础的大胆战略。人工智能、云计算和网络安全等领域的新数字技术技能不仅供不应求，而且发展速度也快于招聘新员工的速度[38]。传统的招聘和培训项目已经跟不上企业发展的步伐。另一种应对方法是对现有劳动力进行技能培训，至少可以部分弥补技能缺口。

企业层面的数字技能再培训能够构建起关键的人力资源能力，这是企业实现数字化运营的新支柱。

数字化转型的第五阶段需要将数字化功能嵌入企业的每一个细节。这是一个重大的战略选择，需要新的人力资源能力来运用企业的新数字化支柱。对现有劳动力进行再培训是潜在的选项之一。然而，构建一个新型的以数字化为支柱的企业（技术不仅是一个推动者，而且是整个商业模式的基础）需要大量的员工再培训。以下是全部培训内容。

- 全体员工：是否有一个经过深思熟虑的人力资源转型计划来打造未来的数字化员工队伍？
- 领导力：是否拥有足够的顶级领导力技能来真正利用数字化手段？在私营企业里，这一步往往从董事会层面开始。
- 新的人机接口策略：是否已经制定了关于人和机器在何处以及如何共存的新指导方针和策略？
- 新的安全协议：在保障数字世界里的私密和专有信息的安全方面有足够能力吗（包括政策和技术层面的能力）？
- 可协调的组织结构：数字化功能时代的组织模式是什么？相对于严格的部门界限，员工应该如何围绕任务进行组织（首先应该是数字资源职能的组织模式）？

总之，企业正在通过 IT 功能重组和员工重新培训构建数字化能力，这为新的数字化职能和工具提供了扎根落地的机会。此外，它们为第四次工业革命提供了完整且经过重新设计的产品——"飞机"，而不仅仅是"发动机"。

本章小结

- 若第四阶段转型失败，原因可能是数字运营没有落实。这主要是员工的能力和技能再培训带来的挑战。
- 解决人力技能问题分为两步。首先是构建一个新的IT职能部门，可称之为"数字资源职能部门"，它的作用是支持、治理和促进数字化创新。其次是对其他相关部门员工的数字化技能进行再培训。
- 数字资源职能结构必须提升数字系统和流程的灵活性，对IT专业人员进行技术升级和流程的再培训，并为数字化经济重建供应商生态系统。
- 企业层面的数字技能再培训应该全面解决数字素养、人机接口、数字安全和跨组织部门协调等问题。

准则检查清单

参考图 9-2 中的问题,在推进实施数字化转型五阶段路线图的过程中采用一种准则化的方法,评估你的数字化转型战略,并一步步推进。

| 目标设定 | 夯实基础(第一阶段) | 单点突破(第二阶段) | 局部同步(第三阶段) | **全面同步(第四阶段)** | 活力 DNA(第五阶段) |

数字化再造

1. 你是否制定了战略和切实可行的计划,以解决数字时代的人才技能再培训问题,包括领导力、员工的数字素养、人机接口、部门协调和数字安全等?
2. 是否有将企业中的各种"数字/IT"功能合并为赋能式的数字资源职能战略?
3. 数字资源职能是否计划引入更灵活和可扩展的技术平台?
4. 数字资源职能是否提升了员工能力,包括执行的灵活性、使用新技术的专业化能力,以及治理生态系统的新能力?
5. 你是否已经更新了供应商生态系统,使之具备了在数字化转型状态下胜出所必需的技能?

图 9-2 数字化再造的准则检查清单

第 10 章

保持前沿性

"我们可以在宝洁的哪些业务领域使用区块链技术?"记得 2015 年 6 月我这样问过一家初创企业的几位睿智的创业者。我们在他们位于硅谷的办公室里交谈,办公室中庭的天花板上挂着玻璃,看起来就像区块链一样充满未来性。区块链技术本质上是一个安全的数据块链:单个数据块逐一相连,在没有中心授权的情况下可以进行完全的验证和管理。它的迷人之处在于它被认为是不可破解的,能够正确、安全地记录任何事务,消除了验证和协调等过程。这是非常有意义的,因为企业中的大多数业务操作都是作为交易完成的——无论是下订单还是付款。如果交易数据从初始来源到最终目的地(例如从在秘鲁采购土豆到在英国出售薯条)都能做到准确和安全,那么企业的运营方式肯定会发生变革。

我提问之后的头脑风暴过程是一场智力碰撞，但结果不令人满意。区块链的用途可能包括追溯折扣券流向、解析广告效果、创建宝洁加密货币以方便内部交易和跨国销售等。但问题是，这些都是不具备操作性的解决方案，甚至连基本路径都无从下手。这家初创企业当时的产品都是针对普通消费者的（例如如何在商店里为咖啡付款）。我离开会场的时候，脑子里已经把区块链这种强大的技术搁置起来了，这种技术在企业中广泛应用的黄金时代还没有到来。

6个月后，我又遇到一家类似的初创企业。这家企业当时提供的产品涉及与企业经营相关的区块链解决方案，例如供应商的国际物流跟踪、财务会计的安全性和消费品的防伪认证等。我对这一进展既感到高兴又感到沮丧。如果我作为转型领导者都发现很难跟上技术变化的步伐，那么一般的运营领导者又将如何应对呢？

在瞬息万变的数字世界中保持前沿性

在数字世界中，跟踪所有的信息来源以及每一个兴奋点似乎是一项不可能完成的任务。我们作为消费者如此，在职业生涯中也是如此，当然也包括所有的企业家、高管、公共部门领导人。数字技术的爆炸性发展令人难以置信。如今，一个青少年在他的智能手机上可以使用的计算能力，比克林顿总统在任时的信息处理能力还要强大。他们可以免费拨打亚洲或非洲的电话，而不用像30年前那样每分钟付费 3 美元。

作为消费者，在日常生活中我们可以在雅虎上看到实时的财经和体育新闻。每一个段落都很短，而且读起来有点相似，因为其中 90% 是机器人写的。我读到了一段辛辛那提市警察局发的推文，上面写道："今晚在埃文代尔发生的枪击案，受害者可能谎报了事发地点，我们正在寻找枪击监控证据！"枪击监控是一种声学三角定位技术，在伦敦、纽约等城市被采用，它通过数据分析来精确定位枪击地点，并实时指导警察到达案发地点。

作为一名企业高管，我看到一些精通技术的大客户对每笔订单的应收账款索赔数额高达数千美元，而每笔索赔单只有几美分。显然，这些都是由机器人产生的。对于一个正式员工来说，创建这些每个只值几美分的微交易显然是不划算的。

在 NGS 为宝洁公司寻找解决方案的过程中，我看到人工智能可以取代高度个性化合同谈判中经验丰富的律师，以及最初为国防开发的机器人产品几乎可以与机械战警相匹敌。全自动会议室可以在你进入时进行识别，并根据你的日程安排启动即将开始的视频会议，而不需要再点击一下。我看到了一些解决方案，它们可以使创建差旅费用报告这一烦琐工作成为一种过时的做法，并使实时语言翻译能力超越专业的服务人员。对于一个需要首先明确变化的可能性，然后才能决定重点领域的高管来说，这似乎更具有优势。

如何保持前沿的思考

很明显，掌控每一项新数字技术发展的企图绝对是在浪费时间和精力。通过这些年来的工作，我意识到有一些原则可以帮助我们以一种聚焦的方式保持前沿性。这同样适用于保持知识更新以及及时采用颠覆性的技术。

- 跟踪可能出现的颠覆性技术，但只投资于应用创新领域：2007 年，我在宝洁公司第一次了解到可以利用拍照技术识别零售商店货架上的产品，这种技术可以迅速告知制造商它们的产品是否缺货或货架摆放不当。这是一个令人感兴趣的概念，但还没有做好实践应用的准备。从那以后，我们每年都检视这种技术，直到它突然变得足够成熟，最后于 2010 年正式投入应用。在那之后，我们迅速部署了这项应用。
- 乘坐现在就有的慢车，而不是等待以后可能会来的快车：这是在与萨利姆·伊斯梅尔交谈时谈到的一个有趣的对比。在颠覆性技术方面，通常最好是跳上一辆正在行驶的慢车，而不是坐等一辆稍后可能到来的快车。前者可以更快带来收益，没有一种解决方案可以实现一劳永逸。换句话说，如果当前的技术方案已经可行，即使不完美也不要等待，而是立马开始尝试。
- 寻找快速的"一次性"解决方案：这是前面的"慢车"原则

的必然结果。如果一个不完美的颠覆性解决方案在一两年内就能带来回报，那么它产生亏损的风险就会降低。

这些原则帮助我进行评估和选择重点。然而，如何保持务实仍然是个问题。在下一节中，我将提出一些想法。另外，为了帮助各位读者快速改变现状，本书末尾的附录 B 提供了一些最可能对企业造成颠覆的指数型技术的基本入门知识。我称之为"五大指数型技术"，包括人工智能、区块链、智能自动化流程、机器人和无人机，以及特殊功能技术，如基因编辑技术。

在采纳数字技术上保持前沿性的准则

保持务实的原则并不耗费时间，而且可以成为领导者日常工作的一部分。有一些活动可以嵌入企业的流程中，我发现这种方法非常有效。

- 创造高管学习机会。
- 与风险投资家和初创企业合作。
- 借力合作伙伴开展教育。
- 通过 APIs 向其他人开放你的数据。
- 寻求数字大使（精通技术的用户）的帮助。

下面我们逐一分析。

创造高管学习机会

我在宝洁工作时，每个月都会抽出时间与数字技术专家会面。这是除了阅读书籍和网络文章之外的必要活动。实际的做法因我的角色不同而有所不同，但都包括以下几点。

- 反向指导：在 NGS 工作期间，我非常幸运地从其他公司聘请了一些顶级的行业专家加入我们的团队。我发现午餐或其他休息时段的谈话是我个人职业生涯中最好的学习机会。这种方法的一个衍生品是专家伙伴指导制度，IT 部门或外部机构的资深人士可以负责推动这样的事情。

- 定义颠覆性问题：频繁地参与定义特定的颠覆性问题是另一种双赢方法。在 NGS，我们非正式的开放式办公室文化起了作用。各种问题都在公开讨论会上讨论。我把我的商业经验贡献到这些讨论中并帮助解决日常问题，同时我也了解到了很多关于数字技术的可能性。

- 相邻或互补的行业配对：NGS 成立了一个大约由 10 个大型共享服务组织组成的联盟，称为共享服务创新联盟（Shared Services Innovation Alliance），整个联盟内共享最具颠覆性的创意。我们每六个月见一次面，小组讨论的收获是无价的。

- 组织咨询资源：另一个有效的机制是组织关于特定主题的咨询生态系统。在这方面奇点大学的资源尤其宝贵。我认为数字化转型面临的最大挑战是变革管理,在这方面,包括约翰·哈格尔三世在内的奇点大学社会网络提供了极大的帮助。

与风险投资家和初创企业合作

在 NGS 工作时,我们 90% 的颠覆性想法都来自初创企业,即使 NGS 的生态系统中包括了世界上最好的大型数字公司。这也是可以理解的,因为颠覆是初创企业的本职工作。为了利用这一点,我们建立了一个简单的流程。每一个重大机会和创意都会被迅速总结成一段简短的文字,并通过电子邮件发送给我们的风险投资伙伴。我们的风险投资伙伴非常擅长将我们的需求与该领域的初创企业联系起来,随后的对话产生了非常有用的见解和实际的业务关系。

风险投资/初创企业与大型企业之间存在高度共生关系。风险投资/初创企业需要来自真正"用户"组织的反馈,而大型企业需要它们最新的想法。定期与风险投资/初创企业在公司内部沟通(例如建立风险投资/初创企业活动日)(它们愿意来找你),或者每隔 6～12 个月组织一次有针对性的风险投资机构访问是一个好的开始。

借力合作伙伴开展教育

在 NGS 团队中,我们创建了一个"热门技术"主题月历,并为供应商和内部专家提供了在短时间内共享知识的机会。大多数合作伙伴企业都非常渴望利用免费的机会，将专家引入客户公司，以期建立强大的专业知识储备。定期为你的主要合作伙伴安排一个数字扫盲时段，这对所有相关组织都是有益的。

> 定期为主要合作伙伴安排一个数字扫盲时段，这对所有相关组织都是有益的。

通过 APIs 向其他人开放你的数据

这是一种高度创新的促进"应用型"创新的方式，同时可以保持前沿性。运作的方式是邀请一定数量的技术资源和软件开发人员访问企业内的相关数据，以解决特定问题，甚至开发基于 IT 的创新应用。提前制定商业协议，以补偿和奖励那些提出最具突破性想法和应用的个人。对数据的访问可以通过 APIs 提供，这是一种网关工具，企业外部人员可以使用它访问企业的特定数据或与企业进行程序对话。一旦建立起一个竞争激烈的市场，创造力就会爆发，企业吸引和采纳大量应用程序的能力会呈指数级提升。包括美国电话电报公司、沃尔玛和联邦快递在内的几家大企业都已经创建了这种基于 APIs 的开发人员网络。在 NGS，我们使用非敏感数据创建了一些众包机会，但还没有创建 APIs 门户服务。

> 通过 APIs 开放对相关数据的访问来选择内部和外部开发人员，并为他们构建商业模式，以使他们从自己创建的颠覆性应用中获益。

寻求数字大使（精通技术的用户）的帮助

在宝洁，我们利用最懂技术的用户在目标市场培训其他人或指导IT路演。他们喜欢这个机会，因为这使他们的IT专业知识得到认可。我们也能够利用有价值的专家来迅速提升IT能力。

> IT部门以外的专家用户可以极大地扩展你的数字化队伍。

本章小结

- 即使是最好的数字化转型想法也可能无法在没有数字化相关能力的组织中扎根。在一些情况下，这是由于缺乏对数字功能的理解。这是一个棘手的问题，因为数字技术的变化速度实在太快了。
- 在数字技术上保持前沿性的原则可能会有所帮助，包括：
  - 跟踪可能出现的颠覆性技术，但只投资于应用创新领域。
  - 乘坐现在就有的慢车，而不是等待以后可能会来的快车。
  - 寻找快速的"一次性"解决方案。
- 有一些规律性的方法可以帮助企业在技术上保持前沿性。本章提供了五种技巧：
  - 创造高管学习机会。
  - 与风险投资家和初创企业合作。
  - 借力合作伙伴开展教育。
  - 通过 APIs 向其他人开放你的数据。
  - 寻求数字大使（精通技术的用户）的帮助。
- 最有可能颠覆现有市场的技术是指数型技术，即这些技术能力能够呈指数级增长。附录 B 简要介绍了我挑选的最具颠覆性的数字技术，具体如下。
  - 人工智能：这是最普遍的颠覆性数字能力。

- 智能自动化流程：这对于提高企业效率可能是一种唾手可得的方法，但是它也具有建立敏捷性的关键能力。
- 区块链：将分散交易、易于访问的相关方以及极高的安全性相结合，能够颠覆几乎任何传统的交易活动。
- 机器人和无人机：机器人和无人机将颠覆所有需要物理观察、感知、协助、移动、测量或交付的任务，包括需要远程执行的任务。
- 特殊功能技术（虚拟现实、3D 打印、物联网、纳米技术、能源存储、生物技术、先进材料等）：几乎每个行业都有一个或多个会颠覆其商业模式的技术。关键是识别并锁定要投资的技术对象。

准则检查清单

参考图 10-1 中的问题,在推进实施数字化转型五阶段路线图的过程中采用一种准则化的方法,评估你的数字化转型战略,并一步步推进。

| 目标设定 | 夯实基础(第一阶段) | 单点突破(第二阶段) | 局部同步(第三阶段) | 全面同步(第四阶段) | 活力 DNA(第五阶段) |

保持前沿性

1. 你是否制定了战略帮助企业跟踪最新的数字技术?
2. 是否有一个专门针对高级管理人员的数字扫盲计划来帮助高管设定对实施数字扫盲的预期?
3. 你是否充分利用风险投资和初创企业来了解你所在行业的最新技术动向?
4. 你是否积极向供应商、合作伙伴,以及精通技术的用户提供免费的教育?
5. 你是否已经开始探索创建开放的生态系统,从而在内部和外部生成大量的创新用例(例如通过 APIs 开放数据来选择开发人员)?

图 10-1　保持前沿性的准则检查表

第五阶段　活力 DNA

第五阶段是什么	持续变化的阶段。持续的创新和高度敏捷的文化成为组织的第二属性。企业成为能够塑造准则的市场领导者
转型失败的原因	由于第四阶段转型优势的丧失,或者是由于企业文化不够敏捷,或者是由于缺乏相关准则,不能持续感知和应对新业务产生的颠覆性风险
应对风险的准则	支持业务和组织持续发展的敏捷型文化 定期感知企业面临的风险,并以准则化的方式应对

数字化转型第五阶段的指导准则

阶段：
1. 夯实基础
2. 单点突破
3. 局部同步
4. 全面同步
5. 活力 DNA

领跑阶段划分： 夯实基础 — 起步 — 领跑

指导准则

1. 领导者推动
最高级别领导者的战略投入

2. 迭代式执行
在执行中迭代创意并在此基础上提升能力

3. 颠覆性授权
赋予变革型领导者足够的权力

4. 数字杠杆点
选择那些数字化力量首先产生颠覆影响的战略领域

5. 有效的变革
选择最有效率的战略来引发公司整体层面的变革

6. 战略充分性
测试数字化战略的充分性以推进系统化转型

7. 数字化再造
围绕数字化能力重新设计公司，让所有职能部门都有数字化能力

8. 保持前沿性
提升领导者的能力，使其掌握最前沿的数字技术

9. 敏捷型文化
创立一种支持持续变革的企业文化

10. 风险的感知
针对数字化的颠覆性威胁，持续进行评估及采取相应行动

第 11 章

敏捷型文化

工业革命期间经常发生颠覆性事件。虽然是数字化颠覆的先行者，但优步很可能面临无人驾驶汽车和本地化拼车服务业态的颠覆，更不用说飞行出租车了。这就是数字化转型的第五阶段，企业要能够保持领先的状态，或者说实现持续性的数字化转型。

构建敏捷型文化这一准则已经经过实践的检验，它可以不断促进创新。Adobe 就是一个不断展现出创新状态的优秀企业范例。Adobe 成立于 20 世纪 80 年代，刚开始主要业务是开发 PostScript 软件，后来转向开发 Photoshop 图形编辑软件，然后在 21 世纪初成为一个值得称道的媒体和演示软件商业帝国。2013 年，它将自己从一家销售软件包的数字媒体和营销企业转型为一家授权使用这些功能的企业，此举彻底改变了大型软件企业销售产品的方式。如今，它还在继续衍生出电子商务领域的新业务。

这种业务敏捷性源于其令人羡慕、屡获殊荣的企业文化，我将通过下面的内容进行说明。

Adobe 的敏捷性如何帮助它不断发展

2012 年，一位 Adobe 高管犯了一个（善意的）错误[39]，却最终把它变成了一个重大突破。据《福布斯》报道[40]，2012 年 3 月，Adobe 负责人力资源的高级副总裁唐娜·莫里斯去印度出差。尽管她刚抵达不久，还有些时差反应，她还是接受了《经济时报》记者的采访。记者问她能做些什么来颠覆传统人力资源。莫里斯强烈地认为，绩效评估的方法往往会给员工的真实绩效带来损害，并说"我们计划废除年度绩效考核制度"。这是一个精彩的回答，除了一个小细节——她还没有和 Adobe 的 CEO 谈过这个想法！

一种欢迎新思想的文化，即便到了不合时宜、难以忍受的程度，也总是会让企业发展得更快。

第二天，她所说的内容就登上了报纸的头版。莫里斯惊呆了。她必须与 Adobe 的媒体公关团队一起在公司的内部网站上发布一则通知，诚恳邀请各位员工帮助尽快评估和改善 Adobe 的绩效考核方法。

最后一切圆满解决了。几个月后，Adobe 启动了一个新的绩效评估流程。正式的年度评估被非正式的季度"注册制"取代。不需要任何书面文件，重点讨论三个方面的内容——期望、反馈、增长计划。不出所料，新流程受到热烈欢迎。在发布后的两年内，Adobe 的被动人员流失率降低了 30%，而业绩不佳人员的自然离职率提高了 50%。一种欢迎新思想的文化（甚至到可以原谅错误的程度）将带来推进持续转型的敏捷性。Adobe 拥有敏捷型文化的要素，这帮助它在面对一次次外部扰动时不断实现转型。[41]

Adobe：激发员工以不同的方式思考

唐娜·莫里斯的故事并不是 Adobe 敏捷型文化的唯一案例。自 2013 年以来，基于员工提出的创意，Adobe 的 Kickbox 创新工具包推动企业的营业收入和利润显著增长。它的运作方式是，每名员工都有一个盒子——一个红色的硬纸板盒子，里面装着员工产生和测试一个创意的所有东西。盒子里有指导手册、一支笔、两张便利贴、两个笔记本、一块巧克力、一张星巴克礼品卡和一张 1000 美元额度的信用卡。Kickbox 创新工具包的理念是营造一个开放的创新过程，在这个过程中任何人都可以贡献自己的创新想法。事实上，现在任何人都可以在线下载 Kickbox 的基础版本。

Kickbox 的非凡之处不仅是创意众包，还在于对员工的信任和授权。Adobe 为每个盒子支付的成本是 1000 美元以及员工的部分本职工作时间。然而，正如它们的创新绩效指标所显示的那样，这种付出是值得的。

为什么敏捷型文化能够实现持续的数字化转型

终极颠覆性力量是敏捷型文化,而不是颠覆性技术或新商业模式。我知道这听起来有点老套,但在你看到这句话在接下来的内容中被付诸执行后,我相信你会认为冒险听一个老套的故事是值得的。

企业文化往往被认为是无益的,主要原因是文化是一种结果,而不是一种行动。在这种情况下,任何关于文化的讨论都可能是无益的老生常谈。然而,通过对一些转型失败案例的研究,我发现敏捷型文化有助于推动持续的数字化转型,具体的规律性表现有三种:以客户为中心的创新、创建适应性环境和建立共同的目标。这些活动为转型成功提供了必要的保障。

在此情况下,敏捷型文化可以比作飞机起飞所需要的空气密度。有所需要的空气密度才能产生升力,在高海拔和低温情况下,飞机需要加大马力才能产生升力。"飞行天花板"是存在的,在这个天花板之上,飞机根本无法飞行,因为产生的升力不足以支撑飞行。足够敏捷的文化(所需要的空气密度)能够驱动持续的数字化转型,并能够超越"飞行天花板",以适应持续的颠覆性趋势。

学习创新文化的最佳地点是硅谷。毫不奇怪,这就是硅谷企业"浪潮般"蓬勃发展的原因。在互联网时代,最初一些企业采取了能给员工带来自由感觉的办公室氛围,例如穿休闲服装和放置桌

第五阶段转型的敏捷型文化＝以客户为中心的创新＋适应性环境＋共同的目标。

上足球游戏桌。随着时间的推移，这种自由感觉已经被成熟应用于整个企业流程和实践来保持创新性与敏捷性。这包括我在前面提到的三个方面的活动，综合起来，就能够定义敏捷型文化：以客户为中心的创新、适应性环境和共同的目标。为了让这个概念显得更加生动，我想可以用以下三个案例来说明。

Zappos：以客户为中心的创新如何帮助它保持领先

Zappos因其"以客户为中心"的文化而闻名。它对客户服务的尽心竭力具有传奇性。Zappos成立于1999年，最初域名是ShoeSite.com。几个月后，公司更名为Zappos（源自西班牙语zapatos，意思为鞋），以扩大业务范围。在鞋业销售这个高度个性化的领域，2008年它出人意料地实现了10亿美元的销售额。Zappos于2009年被亚马逊收购。

Zappos：来自极端客户的关切如何引导一个组织走向敏捷

在2006年接受 *Inc.* 杂志采访时，Zappos的首席执行官兼联合创始人谢家华分享了他的精彩经历，这段经历能清晰地表达出Zappos的文化根基。1999年，谢家华和他的同事林君睿接到了企业家尼克·斯威姆的电话，他想在网上销售鞋。谢家华当时只有24岁，他刚刚以2.5亿美元的价格把自己的公司LinkExchange卖给了微软。谢家华说，就在他刚要删除来自斯威姆的语音邮件时，他了解到鞋业零售市场规模达

400亿美元，每年增长率达5%。

年轻的创始人所面临的挑战是如何通过提供基于物理体验的鞋类产品在线上取胜。他们认为答案是提供"绝对最佳"的服务。谢家华回忆说，他们达成了一个非凡的愿景："我们是一家服务公司，只是碰巧卖鞋而已。"

顾客就是老板

从这一愿景中衍生出了"以客户为中心"的创新文化，然而有时这是有风险的。为了实现他们的服务愿景，他们需要强化对于客户体验全过程的控制。这意味着需要放弃让制造商直接向客户发货的模式，而是从Zappos的仓库发货——这是一个大多数供应链效率顾问都会回避的方案。他们保持仓库持续运转，为客户提供最快的响应速度。提供最好的服务意味着偶尔要和竞争对手合作，只要是客户需要。提供最好的服务还意味着免费送货，以及无条件的免费退货政策。谢家华更愿意把钱花在改善客户服务上，而不是做广告，他把宝押在口碑上，希望借此获得长期的忠实粉丝。

Zappos惊人地聚焦客户需求

Zappos的销售代表始终如一地付出加倍努力。有一个故事讲的是，一个正处于情绪低落时期的客户打算退货，但她的母亲刚刚过世了，她没有时间退货。当Zappos发邮件询问退货情况时，这个人诉说了最近发生的事情。Zappos不仅让快递员免费取走了鞋子，还送给她一大束鲜花。

在线上购物市场发展的早期，网络分销渠道很难盈利，Zappos

开创并完善了将个性化的客户需求转化为成功商业模式的艺术。Zappos 的呼叫中心服务体现了它对客户的狂热关爱。呼叫中心的工作人员对每个客户的呼叫时长没有限制。在 2012 年 12 月的一个案例中，Zappos 的工作人员与客户通话的时间长达 10 小时 29 分钟。更值得注意的是，这个电话不是关于订单或投诉的，而是讨论有关在拉斯维加斯地区的生活！在另一个例子中，Zappos 赢得了一个终身客户，这个客户本来是一场婚礼上的伴郎，但是他的鞋子被快递员投放错了地方。Zappos 不仅在一夜之间免费送达了一个替代品，还将他升级为 VIP 客户，并全额退款。

这些例子不是逸事和传说，而是深思熟虑后的战略实施的结果。Zappos 煞费苦心地招募合适的人员，让他们从基层的岗位做起，并在 5～7 年内把他们培养成高级领导者。在呼叫中心，每个新人在开始正式接电话之前都要接受为期 7 周的培训。Zappos 通过构建以客户为中心的商业模式，弥补了网上购物缺乏直接体验的弊端。

还有一个故事值得分享，谢家华经常讲述这个故事。在和客户逛了一个晚上的酒吧后，他和客户回到酒店房间，这时客户突然提到很想吃比萨，但因为时间太晚，酒店的客房服务已经停止。谢家华建议他们拨打 Zappos 的客服热线。刚开始 Zappos 的工作人员吃了一惊，但几分钟后很快就打回电话，并报出了附近三家当时还在营业的比萨店名称，并帮他

> 以客户为中心的企业文化更容易接纳为维持客户服务而需要采取的变革行动。

们下了一张比萨外卖订单。[42]

保持企业与市场颠覆同步的最佳方法是培养坚如磐石的客户关注，需要明确的是，不需要像Zappos那样以此来支撑整个商业模式。[43] Zappos最初选择以客户为中心是为了弥补没有实体店体验的弊端。Zappos一路走来的经验是，以客户为中心的企业文化更容易接纳为维持客户服务而需要采取的变革行动。

下一个案例研究的重点是适应性环境或者缺乏适应性环境会如何影响创新。

适应性文化：为什么《纽约时报》最初在数字化转型上的努力失败了

2014年5月，《纽约时报》的一份有关数字创新的内部报告被泄露了。报告分享了《纽约时报》在数字出版等新业态驱动下尝试采用新型工作方式的艰难历程。数字团队表达了他们对人员、流程和系统等方面缺陷的不满，这些缺陷对组织的未来命运至关重要。突出的问题是，传统的纸版印刷优先文化与数字时代的变革直接产生冲突。

例如，许多日常报道和编辑活动都是为了确定头版内容，即A1版，[44] 从上午10点的会议，到下午告知记者交稿的最后期限，然后决定哪些报道应该放在头版。所有这些活动都更适合传统日报的节奏，而不是网络时代的实时新闻报道。该报告还指出了新型数字系统对网络化发展至关重要。《纽约时报》在数据标记和报道流程方面远远落后于时代。例如，该报花了 7 年时间才给"9·11"事件制作数据标记。网站读者"关注"某个话题的活跃度也不高。所有这些做法在印刷优先的模式下无关紧要，但在数字至上的新世界里至关重要。

另一个突出的问题是如何才能更好地理解数字时代读者的需求。[45] 读者认为交互等功能很重要，而在一个以印刷为中心的组织中这却不受重视。最后一个例子：一个数字优先的做法是，通过设置评论区把读者吸引到故事中来，然而《纽约时报》却没有能力做到这一点。

数字团队被要求在流程和功能方面采取更多变革行动。例如，编辑部的许多人都有这样一种印象，即社交媒体团队的存在是为了服务于他们工作方法的改善，更有甚者，数字团队最初居然被认为是一个负责收集信息的机构。

总而言之，当时的制度、流程和人员似乎都在无意中与确保他们长期生存的变革做斗争。在"心灵"和"头脑"方面，《纽约时报》的"头脑"部分理解转型的需要，但是"心灵"难以适应变化。当然，最终《纽约时报》还是具备了所有这些能力，甚至储备得更多。但其他报纸如《华盛顿邮报》等都已经在数字时代实现了对它的超越。

关于《纽约时报》文化转型的例子，还有一点值得参考：转型文化需要在变革初期就开始构建。在转型的第四阶段之后再从零开始构建转型文化就已经太晚了，因为"保持领先"的文化基因属于战略充分性（第8章）——尤其是关于内部创业的决策。

我们最后一个能够实现持续转型的案例来自当今最多产的颠覆式创新者之一——埃隆·马斯克。特别是，SpaceX案例是一项引人入胜的研究，因为它展示了共同目标的力量。

SpaceX：共同的目标如何推动敏捷型文化

SpaceX创始人埃隆·马斯克在2018年3月表示，在创业初期SpaceX并没有具体的商业模式[46]，这让很多人感到惊讶。他创办的下一家公司the Boring Company也是如此。事实上，马斯克曾表示，在创办新公司方面，创办他最出名的两家公司——SpaceX和特斯拉（Tesla）可能是他做过的"最愚蠢的事情"[47]。

和马斯克的大多数冒险事业一样，SpaceX的创业历程是远见、激情和冒险精神战胜传统智慧的历程。众所周知，SpaceX遭遇了许多失败。2006年，SpaceX的第一次发射在升空33秒后失败。第二年的再次发射也失败了，因为火箭最后没有进入预定轨道。后来，SpaceX为美国国家航空航天局（NASA）提供的首个有效载荷发射也失败了，差点葬送了公司的前途。2015年的一次发射失败又毁掉了NASA为国际空间站准备的两个有效载荷。2016年，一枚火箭在加注燃料时爆炸。[48]所有这些失败都是马斯克重视激情而非实用主义风格的集中体现。

现在能够了解到的是，SpaceX不得不频繁地调整其发射计划。缺乏商业模式实际上可能在这种情况下还是一件好事。那么SpaceX是如何在这场精心策划的混乱中实现茁壮成长的呢？

研究 SpaceX 员工的特征，有助于深入了解该公司高度敏捷的文化。在他们所寻求的四个品质中，最重要的一个是探索的欲望。SpaceX 非常清楚自己的使命——它的存在是为了帮助人类实现移居其他星球的目标。（其他三个品质分别是激情、动力和天赋。）

SpaceX 是一个绝佳的案例，它说明了一个共同的目标可以促使组织变得灵活，并在各种困难面前不屈不挠。

构建敏捷型文化并保持领先的准则

Zappos、《纽约时报》和 SpaceX 三个案例让我们了解到，是什么造就了一种能够带来持续变革的文化。在内部促进变化最多的企业最有可能不断发展。企业数字技术基础的不断演进，使变革免于成为一个昙花一现的数字奇迹。

优秀的硅谷企业都具备这三个特征，并非巧合。宝洁的 NGS 就是以此为蓝本的。在本书的第三部分中，我们将看到如何将其与其他准则结合起来为 NGS 带来巨大的成功。

本章小结

- 文化通常把战略当作早餐（根据另一种说法，显然也包括午餐）。不管它是什么，事实是组织要实现数字化转型，需要三个特定的行为来激发敏捷型文化，这能为持续性数字化转型创造活跃的 DNA：以客户为中心的创新、创建适应性环境和建立共同的目标。
- 在数字化转型过程中，必须尽早开始构建敏捷型文化，必须在第五阶段之前完成，如果在第四阶段之后开始构建就已经太晚了。
- Zappos 等成功硅谷企业的经验证明，文化可以培育出以客户为中心的创新，这在促进转型方面发挥了极其关键的作用。
- 2014 年泄露的《纽约时报》内部报告中关于该报数字化转型挑战的内容表明，缺乏一种适应性的文化，明显会减缓组织的发展势头，并对数字化转型产生抑制。
- SpaceX 的非凡经历以及它一次次将人类送上其他星球的尝试，都在持续打破传统的范式，这是共同目标驱动敏捷型文化的一个典型案例。

准则检查清单

参考图 11-1 中的问题,在推进实施数字化转型五阶段路线图的过程中采用一种准则化的方法,评估你的数字化转型战略,并一步步推进。

目标设定	夯实基础（第一阶段）	单点突破（第二阶段）	局部同步（第三阶段）	全面同步（第四阶段）	活力DNA（第五阶段）

敏捷型文化

1. 在你的数字化转型项目中,是否有以持续转型为目标的敏捷型文化?
2. 在整个企业中是否有一个强大的、普遍的、以客户为中心的体系?你的数字化转型计划是否会进一步扩展?
3. 你是否在核心组织内建立了能够适应失败的文化,使其能明智地承担风险?
4. 你是否在组织内部沟通并制定了一个共同的目标来支持持续转型?
5. 你是否培育了一种不断进化的精神(即你的组织意识到变化是唯一不变的内容)?

图 11-1 敏捷型文化的准则检查清单

第 12 章

风险的感知

在我领导创建 NGS 之前的十几年内——2002～2015 年，宝洁的 GBS 一直在认真地推动持续的变革。每 24 个月对组织设计进行一次前瞻性调整。随着时间的推移，早期的低成本离岸服务中心模式逐渐演变为彻底的外包模式。随后向完全价值驱动的模式转变，以提供业务增值服务并节约成本。持续转型发展进一步改善了卓越运营状态，并加快了好创意落地的速度。NGS 向第四阶段共享服务的演进是这一过程的最新进展。

宝洁的 GBS 能够主动实现转型实在是一件幸运的事，本书中引用的许多案例，从约翰·斯蒂芬森开始都没有做到这一点。数字化转型最终成为第四阶段"昙花一现的奇迹"的原因是，这些企业没有意识到，在按照自己的方式进行转型时，会出现中断的风险。因此，企业会患上"温水煮青蛙"综合征（即青蛙直接放在热水里就会跳出来，但放在慢慢烧开的水里就会被热死）。

如果有更高质量的预警系统来应对潜在的颠覆会怎样呢？进一步而言，当有了类似的预警系统时，理解预警信号的准则和行动又是什么呢？关于第四次工业革命的好消息是，我们可以获得高质量的预警信号。现在缺少的是不断读取它们的新方法。

> 关于第四次工业革命的好消息是，我们可以获得高质量的预警信号。现在缺少的是不断读取它们的新方法。

衡量和应对颠覆性风险的准则

彻底改造一家企业的做法并不新鲜，只是每家企业变革的频率有所不同。大多数企业，不管是公共的、私有的还是非营利的，都有一个战略规划。战略规划的目的之一就是识别风险。积极主动的领导者凭直觉就能感受到数字化颠覆的风险，就像一只特别有才能的青蛙在慢慢沸腾的水里想"这里变暖了"（当然，这是一个非常糟糕的比喻）。在战略规划中加入一个数字化颠覆性指标，就可以避免仅凭直觉行事。

> 在战略规划中加入一个数字化颠覆性指标，就可以避免仅凭直觉行事。

我将这个指标称为"数字颠覆指数"。这个指数共有4个单项指标，每个指标都采用5分制评分，它们的平均值形成了这个综合指数，可以采用蛛网图来表示（见图12-1）。预警信号可能来自以下风险领域。

- 你所处行业的趋势。
- 你的客户信息。
- 你的商业模式趋势。
- 你的数字化业务绩效和数字化部门的反馈。

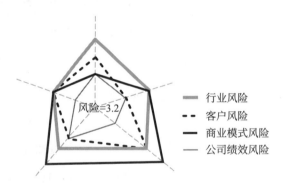

图12-1　数字颠覆指数

数字颠覆指数可将这四个风险元素可视化显示，以提供一个全面的风险级别度量指数。形状的面积越大，代表风险越高。因此，在图12-1中，公司绩效风险的面积相对较小，但是其他两个风险（行业风险和商业模式风险）需要关注。定期回顾这些风险细节有助于避免"温水煮青蛙"。

宝洁 GBS 的风险识别

2015 年，当 GBS 总经理胡里奥·内梅斯确信需要颠覆当前的模式时，他的决策完全基于一种直觉。然而，当根据上面提到的四个风险指标来看待 GBS 时，我们发现已经有迹象表明 GBS 的现有模式会随着时间的推移而衰落。

- 行业趋势：作为共享服务的主要供应商，业务流程外包行业已经出现了混乱的迹象。在全球服务行业持续增长的同时，IBM 和惠普等全球服务供应商也进入了充满各种挑战的时代。尽管印度的业务流程外包供应商仍在增长，但在经历了 2008 年金融危机时期的繁荣之后，它们的利润率已有所下降。与此同时，风险投资/创业市场正在发展。来自初创公司的企业 IT 解决方案业务正在增长，标志着新一代全球商业服务功能已经走进现实。
- 客户信息：消费类电子产品的繁荣带来了对用户体验的更高期望。此外，业务部门领导迫切地意识到数字化颠覆的紧迫性，这意味着需要进行更多的创新。
- 商业模式趋势：宝洁的产品和业务（例如电子商务、数字广告、数字供应链等）应用数字功能的需求日益增长，这意味着各个业务部门同时可以与多个 IT 供应商直接合作。以前宝洁的 GBS/IT 部门作为企业全部数字能力唯一来源的模式将不再有效。

- 业务绩效结果：尽管 GBS 轻松完成了财务和服务绩效目标，但未来新趋势是通过削减项目工作来节省越来越多的费用。

胡里奥主动颠覆 GBS 的决策虽然基于一种直觉假设，但也可以通过以上四个信号进行风险识别。下面我们详细地审视每一个信号。

行业趋势的预警信号

如今，人们已经普遍认识到没有哪个行业能免受数字化颠覆的影响。虽然刚开始数字化颠覆的案例可能来自媒体、金融、娱乐、零售、技术服务和制造业，但发展到最后没有任何行业能够幸免。具体而言，一个行业中的哪些特定流程正在被颠覆以及何时被颠覆，可以从行业数据中得出一些特定的预警信号，包括：

- 核心流程数字化的潜力。
- 数字原生初创企业数量。
- 成功的颠覆性初创企业数量。
- 行业整体增长和盈利能力。
- 关联行业的颠覆。
- 风险投资业务的发展趋势。

这些指标大部分很容易获得，但需要强调的一个信息来源是风险资本的数据（参见下面的专栏）。

关注与风险投资者的关系以及它们在数字时代的数据

变革型领导应将风险投资者当作最亲密的朋友。他们两者之间是一种高度共生的关系,风险资本需要获得初创企业的反馈,而企业需要新的创新想法。大多数风险投资者都为企业提供个性化的推广项目,包括为初创企业举办"闪电约会"等服务。风险资本也喜欢变革型的企业领袖!

大多数企业与风险投资者的关系并不融洽,因为它们专注于当前的核心产品或服务。这么做会限制它们看到可能出现的其他类型颠覆,比如商业模式和运营效率的颠覆。举例来说,健康、美容和个人护理产品的电子商务模式已经变革了行业的原有形态。如果在与风险投资者保持关系时仅关注竞争产品领域,可能会忽视来自其他领域的威胁。

解决办法很简单,那就是利用风险投资者进行更广泛的信息搜索,并强化它们与你的公司之间的联系,这样你对潜在的机会和威胁会有更充分的认识。前面几章提到,变革可能来自产品、商业模式或颠覆性的运营能力,因此企业与风险投资者的关系应该是全面的,至少包括这三个方面。例如,你在功能饮料行业,希望你关注来自非产品领域的威胁(如颠覆性的运营趋势)。红牛的社交营销能力正显著影响着功能饮料行业,它的成功不仅归功于其产品,也得益于其令人称赞的内容营销。无论是赞助菲利克斯·鲍姆加特纳高空跳伞,还是利用YouTube上的极限运动视频与300多万个用户建立密切联系,红牛的商业模式如今在很大程度上依赖于营销活动,而不仅仅是产品。

风险投资数据也变得越来越商业化。Crunchbase等提供大量免费信息,从风险投资趋势到初创企业的细节数据,这些都是不错的选择。

CB Insights 和 Signals Analytics 等其他数据公司还提供"谁可能颠覆你的企业"之类的定制化数据分析。

来自客户的预警信号

颠覆者通常有一个共同点——Craigslist、Hulu、奈飞、亚马逊、阿里巴巴、优步等，它们都发现了改善客户体验的机会。现在有一个新的客户体验数字颠覆定律：任何还有"痛点"的客户体验都可以通过数字化来改善。

具体细节包括，变革的原因不一定是以前的服务有多差或多贵，而是改进空间有多大。报纸上的栏目广告并不是特别差，但是免费的在线广告显得更好。这使 Craigslist 和其他在线广告网站攫取了大量的平面广告市场份额。

> 变革的原因不一定是以前的服务有多差或多贵，而是改进空间有多大。

客户满意度评分和客户体验之间存在巨大差异。良好的客户满意度评分或产品性能评分并不能保证持久的客户忠诚度。专注于消除客户痛点才是更好的选择。

长期以来，客户一直是最可靠的预警信号来源。然而，除了传统的市场份额和客户满意度评分之外，还有一类新的客户体验指标，可以更可靠地衡量潜在的数字化颠覆。社群客户影响力和客户参与等指标（尤其是在进行跨关联行业监测时）是反映潜在颠覆以及颠覆程度的良好指标。客户努力程度（CES，完成一项任务所需的努力）是另一个很好的指标，较高的 CES 评分表明你可能会面临来自客户体验方面的颠覆。

因此，客户体验数字颠覆指数的具体指标是：

- 客户体验数字化潜力。
- 客户服务痛点。
- 社群客户影响力、客户参与度。
- 客户努力程度评分。

商业模式的预警信号

领导者已经清楚地知道哪些商业模式带来的威胁可能会颠覆他们的企业。一夜之间成为"超级"企业的故事或许值得一读，但在现实中，这些故事经不起仔细推敲。对于大多数企业来说，问题不在于没有意识到当前商业模式所面临的威胁，而在于低估了这种威胁的紧迫性。

事实上，任何通过竞争来更好地满足客户需求的尝试（通常是通过另一种市场渠道或价值创造方法）最终都可能颠覆你的商业模式。唯一的问题是颠覆何时到来。

通过以下方法度量潜在商业模式的趋势，可以更好地揭示商业模式变革的紧迫程度。

- 渠道的演化。
- 价值主张的变化。

- 初创企业在执行业务关键活动上的转变。
- 用于业务的关键资源的变化。
- 潜在合作伙伴关系的变化。

数字化业务绩效和数字化部门反馈的预警信号

这类指标反映了产品、流程和人员的数字化投资水平及结果。2015年，IBM商业价值研究所（IBM Institute for Business Value）进行了一项名为"重新定义边界——来自全球高管的洞见"[49]的开创性研究。他们确定了"火炬手"——大约有5%的受访者拥有良好的创新声誉，在收入增长和盈利能力方面超过了同行。根据他们的分析，"火炬手"在新兴技术上的投资比市场跟随者多出24%～40%。"火炬手"对客户反馈的关注程度也比市场跟随者高出22%，与此形成鲜明对比的是，"火炬手"对直接竞争对手的关注程度比跟随者低22%。

除了衡量新兴技术的投资水平，你还需要研究主要技术投资的动向。如果大部分技术投资（包括IT和非IT预算）是为了最低限度地满足变革的需求，那么就可能存在较大的问题。

企业不需要遵循谷歌所采用的比例，即运营成本、渐进性改进成本和颠覆式创新成本之间70∶20∶10的比例，但是，如果企业无法将节省的大部分生产力投入客户服务、业务增长和创建新的商业模式中，那么它就面临着在数字化颠覆下螺旋式下降的风险。

这里的数字化投资指标应包括以下内容：

- 新兴技术的投资水平。
- 数字化人力资本投资。
- 数字化业务的百分比。
- 以客户为中心的数字化投资金额。
- 有多少数字化投资是可持续的。

最后一点中的可持续数字化投资需要企业"存钱再投资"，即推动进一步的节约（包括在其他 IT 领域）以释放投资能力。

为什么预警信号会被忽略

正如前面提到的那样，领导者已经意识到数字化颠覆的危险，根本的问题是，他们对此做出了多大程度的反应——如果这种反应还不够，那又是为什么？这个问题的答案一般是社会性因素——恐惧、惰性和误判，害怕蚕食现有产品市场以及高昂的变革成本；自鸣得意地认为当前的战略在过去行之有效造成的惰性；对数字化颠覆潜在影响的误判和对组织承受新竞争压力的乐观预期。在本章的剩余部分，我将深入探讨这些因素，并提出一种解决方法——一种规律性的方法，将其作为企业年度战略规划过程的一部分来对待。

恐惧

对产品同质化、高昂变革成本和运营风险的担忧是非常普遍的，客观地分析，根源在于行业性质及商业模式（尤其是受到严格管制的行业，例如国防、金融、医疗保健等）。解决问题的办法不是成为鲁莽的风险承担者，而是用有准则的方法来平衡稳健运营和颠覆式创新两者之间的关系。具有颠覆性特征的初创企业也曾经在这些行业中出现过，这意味着有准则指导的颠覆式创新是可能发生的。真正的风险是让这些恐惧发展成变革的障碍，正如专栏中对博士伦和 RIM 的研究所显示的那样。

害怕变革会让你付出怎样的代价

理性地尊重变革的复杂性是件好事，但对变革持恐惧态度则不应该。下面是两个逃避变革而适得其反的案例。

害怕蚕食现有市场：据说达·芬奇在其 1508 年所写的 *Codex of the eye* 中首次提出了隐形眼镜的设想。直到 19 世纪末，科学家才研制出玻璃材质的隐形眼镜，它最终进一步发展成为塑料材质的。然而，这些硬质材料产生的一个问题是，绝对不能让空气进入角膜和结膜，否则会导致严重的眼部不适。这是后来要发明柔性材料隐形眼镜的主要原因。1965 年前后，博士伦获得了生产柔性材料隐形眼镜的许可证，却陷入了两难的境地。如果他们大力发展柔性材料的隐形眼镜，就可能会挤压其利润丰厚的硬质镜片业务。直到后来强生公司推出占据市场主导地位的柔性材料隐形眼镜产品，博士伦才意识到柔性材料隐形眼镜的必然性。硬质镜片和滴眼液注定会失败，博士伦后来不得不在市场上奋力追赶。

对变革成本的恐惧：21 世纪初，RIM 主导着全球智能手机终端市场。RIM 为其客户提供了前所未有的、可靠的功能，主要基于其专有操作系统和硬件的卓越性能与安全性。后来，iPhone 在 2007 年问世。RIM 及其所有现有的竞争对手（诺基亚、微软和 Palm）在操作系统设计和触摸屏功能上都面临着艰难的选择。与 RIM 不同的是，大多数竞争对手没有在操作系统上进行过大量投入，因此可以快速转型。RIM 则面临着战略上的两难境地：是继续依靠其经过验证的安全优势和受人喜爱的键盘界面设计，还是顺应大势提供新的用户体验？RIM 更换操作系统的成本要高得多，而且在用户操作设计上进展缓慢。结果，RIM 的销售额在 2010 年达到顶峰后便急剧下降。

惰性

恐惧变革可能是因为对变革产生的影响持谨慎态度，与此完全不同，惰性没有任何可取之处，尤其是在数字时代。自满和缺乏紧迫感最终将产生严重的后果。克莱顿·克里斯坦森的开创性著作《创新者的窘境》(*The Innovator's Dilemma*，见专栏) 有助于解释惰性背后的一些因素，不仅单个企业如此，整个行业也是如此。为了提高人们对其在数字时代所面临威胁的认识，本书的目的是批判惰性而不是为惰性辩解。

能源行业变革传统商业模式的惰性

克莱顿·克里斯坦森于 1997 年出版了《创新者的窘境》一书，这本书在很大程度上可以帮助领导者理解那些能够让企业获得巨大成功的战略，并为最终实现颠覆埋下种子。第四次工业革命使这种需求更加迫切。一些行业在短期和中期都面临着被颠覆的风险，比如能源行业，但不同的参与者对颠覆性商业模式的反应迥异。一些经营状况较好的企业在替代能源上押下重注。

这种变化令人欣慰。因为几十年来，大型能源企业在政治和消费者影响力上投入了大量资金（包括否认气候变化的科学证据）以支撑它们以石油为基础的商业模式，但现在事情正在发生戏剧性的变化。在许多国家，陆上风力发电已经是最便宜的能源了。在印度，太阳能电力成本只有每瓦65美分（大约是美国的一半），已经比煤炭发电的成本低了。与智能手机等其他颠覆性技术一样，发展中国家正在抓住机遇实现技术跨越。此外，撒哈拉以南非洲的公司，如肯尼亚的 M-KOPA 公司，正在创造全新的商业模式。它们的普遍做法是，通过在电力消费现场使用太阳能发电，消除对昂贵的电力网络的依赖。

只有那些能够打破传统模式和惯例的企业才会成为未来的能源巨头。

误判

即便是最聪明的人，在面对未来的时候也会偶尔犯下重大错误。微软首席执行官史蒂夫·鲍尔默在2007年信心满满地预测："iPhone 不可能获得可观的市场份额。"他不是唯一一个误判趋势的聪明人，专栏中还有其他一些有趣的案例。

误判通常与这样一个事实有关：人类的思维更容易理解线性增量（例如，1、2、3、4、5……），而不太容易判断指数增量（例如，1、

2、4、8、16、32……)。这方面的典型案例是柯达,它在 1975 年就发明了第一台数码相机,但当时并没有推广数码摄影技术。[50] 此后,1981 年索尼推出了第一款数码相机。柯达当时所做的市场调查预测,它至少有 10 年的缓冲期才会面临数码产品的重大冲击。尽管这种预测是正确的,但忽略了此后数字技术的指数级增长。10 年间的指数级增长意味着发力赶超几乎是不可能的。因此,注意到指数型发展趋势至关重要。

那些预测错误的聪明人……

"在上市六个月后,电视机将无法保持其占有的市场份额。人们很快就会厌倦每晚盯着一个胶合板盒子傻傻地观看。"

——达里尔·扎努克,20 世纪福克斯联合创始人,1946 年

"马车会保留下来,汽车只会是一种新奇的东西——一种时尚。"

——密歇根储蓄银行行长建议亨利·福特的律师霍勒斯·拉克姆不要投资福特汽车,1903 年

"美国人需要电话,但我们不需要。我们有很多邮差。"

——威廉·普利斯爵士,英国邮局总工程师,1876 年

"我认为全世界大概只有五台电脑的市场容量。"

——托马斯·沃森,IBM 公司总裁,1943 年

"没人会想在家里放一台电脑。"

——肯·奥尔森,数字设备公司创始人,1977 年

这些都是聪明人,他们要么错误判断了颠覆的时机,要么错误判断了应对策略的力量。

克服恐惧、惰性和误判的准则

想通过数字化转型保持优势的企业可以通过微调年度战略规划来系统性地应对这些风险。我在本章前面介绍了数字颠覆指数的度量，这必须纳入年度战略规划。具体而言，战略推演中的竞争情报评估应包括对数字颠覆指数的全面审查，以及制订应对威胁的计划。反复权衡数字颠覆指数的绝对得分及其趋势，可以为如何紧急做出应对反应提供依据。

本章小结

- 将对数字化颠覆的大肆炒作与现实实践操作分开是一个挑战。何时、何地以及如何应对颠覆性威胁是一个两难的问题。如果不采取有效的行动，你就有浪费资源和被颠覆的风险。
- 数字颠覆指数提供了一个持续感知和应对数字化颠覆风险的准则性衡量标准。它包括四个指标。
    - 行业趋势：除了一般性指标外，探索风险投资的趋势。此外，关注风险投资者的数据源，可以帮助你关注到潜在的颠覆。
    - 客户信息：企业客户和关联行业将提供最好的数据。一些新的度量标准，如客户体验和客户努力程度评分，揭示了现有商业模式中出现颠覆的可能性。
    - 商业模式：评估当前的商业模式，如渠道、合作伙伴和价值创造系统的演进，可以提供关于威胁的相关见解。
    - 数字化业务绩效和数字化部门的反馈：了解数字业务和数字素养方面的投资状况有助于了解对数字化颠覆反应不足的风险。
- 恐惧、惰性和误判等社会学问题解释了为什么针对数字风险所采取的行动往往是不足的。在年度战略规划工作中加入数字颠覆指数可能会有所帮助。

准则检查清单

参考图 12-2 中的问题，在推进实施数字化转型五阶段路线图的过程中采用一种准则化的方法，评估你的数字化转型战略，并一步步推进。

| 目标设定 | 夯实基础（第一阶段） | 单点突破（第二阶段） | 局部同步（第三阶段） | 全面同步（第四阶段） | 活力 DNA（第五阶段） |

风险的感知

1. 你是否在年度战略规划中加入了一个特定的项目来感知和应对数字化颠覆？
2. 你有一个具体的衡量指标来衡量你所处行业随着时间的推移被数字化颠覆的程度吗？
3. 你是否采用定量方法衡量你的客户在多大程度上倾向于拥抱数字化颠覆？
4. 你是否有一个衡量指标来了解现有商业模式中有多少特定部分（如渠道、合作伙伴和价值创造系统的演进）正在被数字化颠覆？
5. 你是否评价过企业在数字业务和数字素养方面的投资状况？

图 12-2　风险感知的规则检查清单

—— Why Digital
Transformations Fail

第 三 部 分

以数字化转型提升制胜能力

第 13 章

宝洁的转型

本书的最后两章建立在我所秉持的信念之上,那就是在蓬勃发展的第四次工业革命中,命运眷顾的是那些持有准则和头脑准备充分的人。数字革命确实是一个千载难逢的机遇。我们要做的是抓住机遇,严于律己,取得成功。为了说明如何将所有能够实现飞跃并保持领先的准则组合在一起,我向大家介绍一下宝洁如何在 NGS 中组合这些准则。

宝洁 GBS 转型的目标

2003 年人类基因组计划花费 25 亿美元来测定第一个基因组序列,而现在,基因组测序的价格已呈指数级下跌,以至于我电脑收件箱里的垃圾邮件都说仅花费 100 美元就能给我做基因组测序。IT 服务成本会在未来 15 年内下降 99% 吗？为什么本质上是数据业务的全球商业服务不能实现指数级能力增长呢？

这是我在 2015 年开始思考 NGS 时脑海中浮现的问题。宝洁的 GBS 已经是行业标杆，但我们必须找到向下一个 S 曲线迈进的方法。为了激发创意，我们与 100 多个机构进行了交流，包括行业内的共享型服务组织、咨询公司、IT 供应商、风险投资和初创企业等。其中一个是一家澳大利亚的跨国软件公司，年收入约 5 亿美元。我问他们是否有一个共享服务部门，结果他们没有。我知道他们的运营效率非常高，所以我一直在问他们是如何运营人力资源服务的，例如工资、招聘和绩效管理。他们回答说：人力资源部门的同事负责这些工作。我的下一个问题是，他们在全球 10 个国家的人力资源部门总共有多少人，他们的回答让我大吃一惊——仅仅 25 个人。更令人难以置信的是，他们看到我脸上的惊讶表情，还以为我觉得这个数字太高了！他们辩解说，他们超过一半的人力资源力量都花在了招聘上，因为公司有员工人数年度倍增计划。当我合拢张大的嘴巴时，我意识到我有了一个重要发现——下一代共享服务的雏形已经存在了，这就是数字原生企业运营内部业务的方式。

运营的数字化支柱

在接下来的几个月，一个个成功案例都说明了为什么构建支撑公司未来运营的数字化支柱是可行的，而且新一代数字化企业已经将其付诸实施了。IT智能和共享服务的成本占这些企业年度收入的比例还不到大企业的一半。纽约一家大型财富和资产管理公司的员工生产率在过去10年里提高了4倍。本书前面提到过一些示例，包括能够实现日程管理的机器人，在线更新90%财经和体育新闻的机器人，枪击监控（用于枪击案件中三角测量的AI工具）使用监控图像信息实时定位枪击的位置。还有大量数字化支柱的相关概念不断涌现。

大多数组织的数字化转型将采取三种形式——新的数字商业模式（例如从门店零售到在线销售）、新的技术嵌入产品（例如无人驾驶汽车）和内部数字化运营（例如使用人工智能进行财富管理）。未来的GBS，包括IT功能，将转型成为整个企业运营的数字核心。

我们的研究揭示了共享服务行业中数十种颠覆产生的可能性，以支持NGS成为宝洁运营数字化的核心目标。

数字原生企业（包括谷歌、奈飞、Adobe等）中差旅费用报销的例子让人大开眼界。大多数传统企业对机票和酒店预订有严格的标准。每次出差结束后，所有费用都会被详细地记录在报销单上，这是大多数商务旅行者最讨厌的一项工作。

一些数字原生企业的报销流程设计则完全不同。在每次出差前，员工仅需要登录一个系统，输入目的地和出差日期就可以了。企业基于一个巨大的成本管理数据库可以生成出差预算。员工可以在任何地点自由订票，也可以在任何地方停留。他们的商务信用卡已经有了所有费用的详细信息，因此不需要员工再次创建费用报告。此外，如果实际费用低于预算，允许员工以灵活的方式使用节省下来的成本，包括下次出差时升级为豪华酒店，甚至可以将省下的钱捐给慈善机构。这些做法不仅帮企业节约了资金（高达30%），消除了企业经营中的非核心活动（例如选择旅行社、协商酒店协议、将发票与报销金额匹配等），而且提高了员工的满意度，因为这为他们提供了一个成熟的解决方案。

在我领导NGS的三年时间里，我们开展了大约25个具有10倍潜力的试验项目。我们将这些项目作为一个投资组合来运营，其中一些项目因为没有达到预定进展和财务目标而被取消，而另一些项目的表现则超出了它们最初的潜力。只要投资组合作为一个整体能够超额完成既定目标，运营就不会有问题。创建企业运营数字核心的创新做法是无止境的，下面有几个例子。

- 你可以实时规划企业的供应链，实现从供应到需求的闭环管理吗？现在的普遍做法是将制造资源规划中的每个环节都视为独立作业单元，包括需求预测、需求规划、制造执行规划、运输规划等。在大型跨国制造企业中，如果对这些流程仅仅实施孤岛式的优化，则可能又需要大量的员工来填补新的缺口。现在这种做法已经过时了，先进技术架构每小时可以处理数万亿次事件，并使用数千种人工智能算法实时优化整个系统的规划。

- 如果为所有企业系统提供类似"Siri"的体验设计，能够连接企业中一个个孤立的系统，并为大多数需求提供系统解决方案吗？例如，在一个新员工加入公司时，不是分别通知那些独立的部门（如负责通行卡、工资、办公设备使用、电脑和电子邮件、培训系统等的部门），我们可以简单地说"嘿，Siri，设置一个新员工，简·史密斯，2020年3月1日开始有效"，在提供更多身份细节后，能够在所有独立的部门系统中实施此项工作。类似的用户体验也适用于商业事务。

- 人工智能能够用于重新设计应收账款流程吗？我们可以让算法而不是大型组织中的数百名员工手动完成这些流程，例如识别出哪些客户公司开始拖欠账款。

- 当在协议中发现不合规政策或需要谈判的红线（突出显示）时，算法能否自动纳入并形成合同文档？

- AI算法能否比传统预测系统和人工操作更准确地进行财务预测？

- 一个负责采购功能的AI大脑能否指导买家在既定预算约束下做出复杂的决定？例如，跟上供应商和行业的动态变化，实时识别价格趋势，甚至直接下订单。能否通过吸收更多关于新供应商的外部数据推动供应商之间的竞争？为了避免超预算支付，能否从合同中调用复杂的价格表来核对发票系统和付款项目？

- 是否可以利用语音文本转换算法来颠覆呼叫中心的用户体验，并为复杂问题的解答构建内部知识库，在此过程中为用户提供更多的服务和选择？
- 能消除企业中 90% 或更多的 IT 障碍吗（例如，从电源到网络、服务器、数据库、数据质量或用户体验障碍）？能否收集与这些操作相关的信号汇集成一个巨大的数据库，然后使用算法来预测和自我修复问题？能否同时在全世界范围以及所有的供应商之间做到这一点？
- 复杂的全球海运和空运（跨国家和供应商的运输）是否可以变得更加透明和简单，尤其是跟踪货物位置和实际运输成本的现时状态，甚至不需要供应商再发送单据？
- 视频技术是否被用于"主动观察"消费者行为，而不是"被动记录"行为，通过使用视频算法来获取大量的素材，并根据客户的实际行动提供分析数据吗？通过观察实际的行为比通过询问的方式了解人们在某种情况下的行为更可靠，但在今天大规模推行这种做法是一个巨大的挑战。
- 企业中同步"数据标准"的巨大挑战（例如在全球实现产品的标准化代码和定价，如统一的称重结果或者 SKU 代码）最终能否得到解决？

企业中有大量这样的机会，它们都是可行的想法。一个特定的组织能否执行其中的任何一个、一些或全部是另一个问题，这是识别可行的终端状态和成功执行数字化转型之间的区别。最大的问题是如何从一个稳定、成功的当前状态过渡到一个非常理想但不确定的未来状态。

转型的挑战

思考成功地从当前状态过渡到未来状态这一问题，又把我们拉回到为什么数字化转型会失败上来。基于 NGS 的经验教训，我们创建了数字化转型的五阶段路线图。在此，我想特地说明一下在 NGS 开始阶段发挥了关键作用的三个准则。

战略充分性

NGS 的目标是雄心勃勃的——颠覆宝洁的 GBS，并在此过程中变革整个共享服务行业，这就引出了战略充分性的问题。宝洁的一小撮人怎么能够颠覆整个行业呢？我们的最佳战略应该是创造一种生态系统效应。

首先，NGS 不应该仅仅是宝洁下属的一个部门。无论我们的内部资源多么强大，一个更丰富的资源生态系统总比任何一家个体公司能够带来更强的变革能力。我们同意将 NGS 定义为一个开放的生态系统，它包含三个组成部分。

- 宝洁精心挑选了 12 位商业领袖，他们将构思 10 倍潜力创意，并在基层部门中实施。

- 目前宝洁有 8 家 IT 合作伙伴——EY、Genpact、Infosys、L&T Infotech、HCL、HPE/DXC、Tata Consultancy Services 和 WNS，它们将把这些 10 倍潜力创意落地成产品。
- 通过全球 10 家顶级风险投资机构的参与，一个庞大的初创企业生态系统被引入 NGS。它将带来最新的颠覆能力，这些能力可以由 IT 合作伙伴加以补充和强化，最终由宝洁 NGS 管理并实施运营。

其次，生态系统必须建立在所有参与者的共赢关系之上。宝洁与 IT 合作伙伴的价值主张如下：IT 合作伙伴将提供 10 倍创意产品所需的相关资源和开发资金。作为回报，它们将获得知识产权和对外销售产品的权利（这些企业不会直接与宝洁竞争）。如果某款产品真的给宝洁 GBS 带来超过 10 倍的数字化转型效果——成为一流的共享服务组织，那么它必然在商业上对其他企业具有很大的吸引力。为了能够在一个有吸引力的客户那里站稳脚跟，初创企业就会愿意与我们合作进行创新。宝洁的成功之处在于以低成本甚至零成本获得了 10 倍效果的颠覆。

最后，即使是囊括这三个群体的生态系统也不足以造成大规模的行业颠覆。因此，我们需要一个更大的社区和更多的人来支持它。NGS 的大部分想法和执行能力都来源于此。宝洁的"社区"包括企业内部富有创新激情的员工，以及被高质量的工作所吸引并希望成为其中一员的直接合作伙伴。这些人通过众包的形式将部分工作外包给大学、初创团体以及 Kaggle 等专家组织，从而获得无限资源。

迭代执行

很早的时候 NGS 的运营模式就被定义为高迭代、高风险、高回报。

首先，NGS 只关注那些具有 10 倍潜力的颠覆性项目。其他核心组织承担日常的持续性改进工作。

其次，受 Alphabet/谷歌 X 计划的启发，NGS 主要以项目组合的方式实施运营。作为部门主管，我认为我的角色就像是创业项目的风险投资者。我每做 10 个试验（项目），通常就会砍掉 5 个，期望另外 4 个能够产生 2 倍的效果，而最后一个一定会产生 10 倍的颠覆性效果。

再次，为了创造一个更快的"时钟频率"，我们对每个工作阶段的持续时间有一个总体指导方针，这就是"1-2-4-8-16"指数序列原则：1 个月用于场景评估，2 个月用于设计，4 个月用于假设测试，8 个月用于完成开发和所有市场测试，16 个月用于完成所有部署。

最后，利用设计思维和精益管理对构思与部署的运营模式进行标准化管理。

变革管理模式

我们所选择的模式是创建一个"边缘"组织，该组织由精心挑选的、可高度信赖的商业领袖组成，他们获得了在企业中推动变革的授权，但在每个项目的初始阶段，他们会受"文化防火墙"的指导和约束，鼓励那些高风险、高回报的试验项目。

在考虑变革管理的实际情况后，确定 NGS 的用人标准。这 12 位商业领袖是由 GBS 领导层亲自挑选的，主要是基于他们在核心部门中的可信度，而不是他们的技术技能或创新能力。

这些人将全职在 NGS 工作，但专注于高价值的创新性试验项目（通常是 5000 万美元以上），并且是他们各自部门年度战略计划中的关键创新点。为了让每个项目在早期阶段聚焦于速度（相对于政策合规性），允许团队做些"文化防火墙"之外的操作，这可以在项目的早期阶段提升风险承担能力，同时使它们免受企业免疫系统的约束。

我在 NGS 工作了三年，到我离职的时候，实际结果与 10-5-4-1 模型非常吻合。在 25 个奇奇怪怪的试验（项目）中，4 个取得了 10 倍效果，8 个取得了 2～5 倍效果。每获得一次成功，就有两次或更多次失败。这就是"干中学"文化发挥作用的地方。只要所有这些试验（项目）组合的效果持续超过总体财务目标要求，就不能说项目是失败的，而是提供了学习的机会。将转型领导机构设在辛辛那提，而不是硅谷，这又是一个明智的决定。说到底，数字化转型更多的内涵是系统地改变人们的思维，而不是技术能力。建立 NGS 最大的副产品之一可能是启发了企业内部的其他成员，让他们认识到变革不仅是可取的，而且每个人都可以为它做出贡献，并在自己的职责中领导变革。

本章小结

- 任何积极进取的组织都可以参照宝洁的 NGS 进行数字化转型。
- 数字化转型可以采取三种形式：新的数字商业模式（例如从门店零售到在线销售）、新的技术嵌入产品（例如无人驾驶汽车）和内部数字化运营。关于 NGS 的具体案例研究是为了解释如何创建新的数字化运营模式。
- 对于大多数领导者来说，挑战在于如何从当前状态过渡到期望的未来状态，这就是数字化转型五阶段路线图可以提供帮助的地方。

第 14 章

成功的转型

谈到数字时代，我绝对是个超级乐观主义者。我相信新生的数字化工具有改变人们生活、企业和社会的潜力。对于数字技术带来的颠覆性，我是一个现实主义者。与以往的工业革命一样，颠覆性技术将带来变革性的阵痛。所以关键问题不是到底数字化颠覆会不会发生，而是一旦数字化颠覆发生，我们能够扮演什么样的角色。

引用米格尔·德·塞万提斯的话，勤奋是好运之母，我对此深表认同，尤其是在推动数字化转型时。

本书为数字化转型成功提供了蓝图，它描绘了数字化转型的情景，并通过数字化转型五阶段路线图提供了一个有序的步骤，以推进各个阶段的转型工作。

把理想阶段（即第五阶段）设定为目标只是整个转型旅程的开始，同样重要的是遵循科学的准则。在数字化转型过程中，准则的作用令人惊讶。之所以令人惊讶，是因为人们普遍认为数字化转型成功的关键是创造性地提出新的商业模式，并彻底改造组织。然而，根据我自己的经验，这是绝对不够的。在数字化转型中，成功的真正关键是准则或纪律。本书的目的就是让人们认识到纪律的重要性，并需要严格执行以帮助数字化转型获得成功。

在第四次工业革命中大展身手是完全可能的。亚伯拉罕·林肯、史蒂夫·乔布斯和彼得·德鲁克有一些共同点，因为他们都曾说过"预测未来的最佳方式是创造未来"。不管他们的原话是什么，他们的判断是正确的。数字技术以前所未有的速度推动着变革，采用先进数字技术可能是"防止被优步之类的企业超越的最佳方式，并成为优步那样的超越者"。

需要明确的是，我们推动变革的动机绝不是防御性的。相反，每一次变革都是一次机遇，第四次工业革命给世界带来了前所未有的机遇。

数字化是历史性机遇

2011年8月，马克·安德森在《华尔街日报》上发表了一篇题为"为什么软件正在吞噬世界"的文章。当时，大多数传统企业领导者发现，很难将亚马逊、皮克斯、苹果或奈飞的经营模式与自己的未来结合起来。这是可以理解的，正如比尔·盖茨所言："我们总是高估未来两年的变化，而低估未来10年的变化。"从安德森的文章发表到现在还不到10年，但他的理念突然变得更加清晰。数字化带来的颠覆不只是针对科技、媒体或娱乐行业。人们普遍认为，软件将颠覆每一个行业，以至于报纸文章纷纷列出哪些行业受到冲击的可能性最小。现在即使是那些被认为不会受到数字化颠覆影响的政府和司法系统，也逐渐开始采纳和尝试数字技术。

所有这些产业转型都是历史性的机遇。软件正在吞噬这个世界，不是以一种破坏性的"吃豆人"方式，而是以植物消耗二氧化碳和光来产生氧气的创造性方式。我们周围到处都是数字光合作用的迹象。无论是纳米技术、无人机还是太阳能，数字技术正在通过赋能使所有其他相关技术的能力实现倍增。这样的例子比比皆是。今天可能发生的事情之多、变化之快，令人惊叹。我在下面分享一些这样的案例。

- 根据普华永道的数据，2018年全球市值最大的10家企业中，有5家是科技型企业。这还不包括被归类为"消费者服务"的亚马逊和阿里巴巴。
- 8年前，在这10家企业中，只有微软跻身前十。
- 自动驾驶汽车在几年前还像是科幻小说中的情节，但到2035年，它的销售额将达到500亿美元左右。今天出生的孩子可能永远不需要考驾照。

- 仓储管理过去曾是繁重的体力工作，现在则实现了先进的自动化。手工挑选牙刷、除臭剂和口红的日子一去不复返了。今天，不是拣货员寻找货架，而是机器人把货架移到固定的拣货员工位前。
- 增材制造。未来 10 年，3D 打印等增材制造将占到所有制造业的 10%。中国企业已经用 3D 技术打印出了一座六层高的建筑物。多年来，国际空间站一直在为自己打印工具和备件。
- 基于软件算法的供应链规划将大幅减少产品库存和供应链的交货时间。几年来，时装零售商 Zara 一直在两周内将设计师的创意变成时装并将之传递到零售仓库。
- 敏捷的定制制造将慢慢取代大规模的"批量"制造。中国智能手机制造商小米已经开始每周推出一批新手机，每一批都比上一批性能更好。它通过网络营销实现 70% 的产品预售，这让它能够在获得订单后再购买原材料。
- 到 2030 年，金融服务业近 40% 的工作将由软件机器人完成。
- 到 2030 年，制造、交通和零售行业 40%～50% 的工作将由硬件或软件机器人完成。
- 未来 10 年，随着 3D 打印的普及，制造业的机器人也将被颠覆。如果你在家就可以打印电脑或智能手机，工厂里的机器人自然就会被淘汰。
- 由于生产率的提高，这些行业的平均税前收入将会增加，尽管可能不会在所有工人群体中平均分配。
- 由人工智能推动的财富管理市场将在未来几年出现爆炸式增长。到 2025 年，10% 的财富管理将使用人工智能和人脑判断相结合的方式，其中的 16% 将由机器人来管理。
- 某些新闻机构使用软件机器人生成 90% 的体育和金融市场新闻，文稿更简短，形式更新颖。在记者的帮助下，人工智能将在 15 年内生成 90% 的新闻。
- 语音识别的速度已经是打字速度的 3 倍，而且准确度更高。未来，自然语言处理（NLP）机器人将能够理解并完成日常工作和家庭中的大部分任务。
- 环境计算将会爆炸式增长。将计算机广泛地嵌入日常设备是一种趋势，以至于我们认为计算机不再是一个单独的个体。
- 用于自动驾驶汽车的人工智能前沿技术领域——深度学习（deep learning）也将用于自动生成密码算法，以使设备之间的通信变得极其难以破解。
- 深度学习已经能够以 90% 以上的准确率读懂你的唇语，而唇语阅读人的准确率现在是 50%。
- 如果深度学习可以在不需要教授或编程的情况下玩电脑游戏，那么研发部门人工智能技术驱动的产品开发就已经触手可及了。
- 零工经济（兼职或临时就业的趋势）在 2005 年占美国劳动力的 10%。如今，中国的零工劳动力已占全球的 1/3，预计到 2020 年这一比例将超过 40%。你可以利用这种趋势大赚一笔。

- 有 3200 万美国人看不懂路标，但到 2020 年，我们预计将有 1000 万辆自动驾驶汽车，能够准确阅读所有路标。
- 到 2027 年，机器的读写能力将超过 2400 万美国公民。
- 到 2020 年，全球 6 岁以上人口中的 90% 将拥有手机。
- 到 2030 年，12 亿印度人将拥有智能手机（不仅仅是手机），而就在 30 年前，在这个国家连座机都很少见。
- 研究表明，数字技术正在缩小发展中国家的教育差距。如果 2020 年在全球 6 岁以上人口中能够实现 90% 的手机拥有率，那么到 2020 年，你会看到一个和市场表现截然不同的消费者特征。
- 二三十年后，家庭生产能源的成本将远低于从电网购买能源。
- 更重要的是，廉价电力带来的效益令人兴奋。便宜的电力意味着便宜的饮用水，因为能源可以让你处理各种各样的水资源，包括海水。
- 从生物能源到石墨烯和微型超级电容器，数十种新电池技术将为传统锂离子电池技术注入新的活力。从中期来看，像锂空气、锂硫和钒流这样的技术可能会让我们在 20 年后进入一个完全可再生的生活环境。
- 医疗保健的改善意味着，到 2050 年美国男性的平均寿命可能是 83～85 岁，女性则是 89～94 岁。

- 到 2020 年，我们可能会看到纳米外科手术机器人进行手术的试验。这些微型机器人可以捕获单个细胞，相互协调工作，提供靶向药物，并在工作完成后自我净化。
- 医疗诊断将可以由病人自己来完成，因为智能手机的功能扩展将允许患者在家诊断从心房纤颤到基因疾病等的病因。
- 在未来 5 年内，将会有一些应用程序可以通过你的面部表情来判断你是否在撒谎。想象一下这会对司法系统造成什么影响！
- 智能城市将使用传感器和数字功能来管理交通、公用事业、城市执法、医疗支持和其他社区服务。如今，全球已有 250 多个智慧城市项目。
- 印度计划建设 100 座智能城市。
- 实验室培养的人造肉将成为比传统肉类更好的替代品，可以减少 50% 的能源消耗，减少 80% ～ 90% 的温室气体排放。这是好事，因为肉类工业占了我们所有温室气体排放的 18%。
- 机器人和无人机可能会成为未来的农场工人，包括中小型农场的工人。在发展中国家，制造机器人的成本已经降低到 500 美元，但这个价格很快就会降至 100 美元以下。
- 虚拟调酒师已经开始投入使用。皇家加勒比游轮可以使用虚拟调酒师为你调制一杯鸡尾酒，当然你也可以不按菜单，而是创造自己的鸡尾酒。
- 区块链，目前唯一宣称不会被破解的技术，可能最终会给我们带来安全的在线投票。

- 区块链技术将使金融交易不再需要经纪商来完成。根据世界经济论坛（World Economic Forum）的数据，到 2025 年区块链技术将贡献全球 10% 的 GDP。
- 充分信任、透明和安全的区块链技术将把未来的制造供应链变成需求链。
- 在发展中国家，低成本区块链的使用将有助于解决地方性的制度缺陷问题。例如，扩大分享经济以增强地方议价能力，增加小额融资，打击基于中间人的腐败，以及提供安全的身份和所有权文件。
- 未来 10 年，美国的现代制造业将创造 350 万个新就业岗位。最大的挑战将是对现有员工的再培训，而不是全球化带来的威胁。多达 200 万个高科技制造业岗位可能会空缺。
- 2017 年美国的数字广告支出已经超过了电视广告。企业广告将采用数据和算法驱动的个性化客户参与功能。
- 企业的人力资源职能需要改头换面，以摆脱传统的政策制定、流程优化和人才管理服务的模式。这些都将通过人力资源技术实现自动化。

把机会转化为成功

对有远见的领导者来说，问题在于如何将这些前所未有的机遇转化为相应的行动。尽管威廉·吉布森所说的"未来已经在这里了，只是分配得不是很均匀"这句话一直都是对的，但未来的不均衡性，使变革领导者在与变革抵抗者的对抗中获得了不成比例的优势。个人是这样，组织也是这样。

可以肯定的是，数字化转型失败的原因之一，是很难在老牌企业内部推动变革。除了管理惰性和文化氛围等问题之外，大型企业的财务风险回报系统似乎也不利于推广数字化变革，而作为竞争对手的初创企业则恰恰相反。正如马克斯韦尔·韦塞尔在 2017 年 9 月发表在《哈佛商业评论》上的一篇题为"为什么在 2017 年阻止颠覆式创新发生远比克里斯坦森发明这个词更困难"[51]的文章中所指出的那样，对于今天的传统企业来说，最具颠覆性的挑战来自能够制造颠覆的初创企业，对比一下优步和通用汽车，或者爱彼迎和希尔顿。此外，规模较大的企业通常只能通过举债的方式为创新融资，而初创企业可以通过股权融资，能够以 10～30 倍的规模融资。这种低成本、轻资产模式带来的颠覆，在很大程度上是由数字技术促成的。然而，这种动态是双向的。

数字化最终会创造出公平的竞争环境

在传统企业内部，可以找到一些方法来弥补这种差距。传统大企业拥有财力、行业知识和庞大的产业生态系统，并能选拔出优秀的人才。如果应用得当，这种以轻资产为特征的数字化驱动模型可以在组织内部促进权力平等,并建立起民主化的决策机制。数字时代的益处是,它为创新提供了一个巨大的生态系统,这可以创造公平的竞争环境。在数字时代取得压倒性胜利的方法就是让自己成为数字化变革的领导者。因此,请主动引领数字化变革并尽量发挥领导作用。本书展示了如何通过降低成本和风险来提高数字化转型成功的概率。

剩下就看你的了

我们很幸运有机会在人类历史上的第四次工业革命中领导一场变革。技术创新已经发生,变革模型也已经非常成熟。在这个时代,蓬勃发展的信念和心态将只属于个别领导者,其实这在历史上一直如此。在你迎接那些能够改变未来的挑战时,我的拙愿是,不断从过去的故事中学习。数字化颠覆是有方法应对的。数字化转型失败的原因在于,它们需要比预期更多的自律和准则约束。转型成功需要惊人的自律,再加上积极的展望。

附录 A

保障成功转型的准则检查清单

表 A-1 提供了一个保障数字化转型成功启动，并保持领先的准则检查清单。

表 A-1　准则检查清单

阶段	准则	问题
目标设定		1.你的数字化转型计划采用了以下两种或更多技术吗？如指数型技术、基于输出的模型，或指数生态系统
		2.你的转型目标是颠覆式创新吗？颠覆式创新是持续性创新的反义词
		3.转型目标是一个或更多的下列成果吗？如新的商业模式转型、新技术衍生的相关产品，或实现 10 倍的运行效率提升
		4.转型的目标是塑造一种长久的转型文化吗
		5.计划实施的转型发生在企业层面吗？是否基于一个正式的战略，并且是自上而下驱动的

（续）

阶段	准则	问题
夯实基础（第一阶段）	领导者推动	1. 领导者是否在推动数字化战略方面做到了全力以赴
		2. 是否有适当的场合让领导者亲自展示数字化转型行为，从而发出转型信号
		3. 是不是有相关行动计划来确保领导者把业务目标转换成转型战略，以及确保领导者持续亲自参与其中
		4. 有没有一种适当的机制使利益相关者能够明确地理解转型中的问题并持续突破转型障碍
		5. 转型发起者和高层领导者有没有充足的数字素养来推动转型
	迭代式执行	1. 你是否正在采用一种迭代式、敏捷型的方法推动转型，例如精益启动
		2. 你是否已经把大项目分解成一个个小项目的组合，并允许其中至少 50% 的项目会失败
		3. 你的数字化转型是否已经把"创新速度"作为一种目标，以及有没有与速度有关的度量指标
		4. 有没有类似于 NGS 采用的 1-2-4-8-16 机制来帮助你在项目中提升转型速度/创新速度
		5. 有没有采用一些方法来解决"两个世界"的冲突问题，从而使转型工作能够以比核心组织更低的成本和更快的速度进行
单点突破（第二阶段）	颠覆性授权	1. 是否已经定义了一个明确的宏大转型目标
		2. 是否已经和变革领导者沟通交流，了解了他们在实施变革时需要得到哪些空中掩护
		3. 次要的利益相关者和受到变革影响的人是否已经被告知他们在变革中扮演的角色
		4. 领导者是否已经明确并承诺在转型行动中进行个人投入的程度
		5. 领导者是否已经为变革做好准备，并采取了一些举措来推动变革
	数字杠杆点	1. 你是否已经检验了所有潜在的数字杠杆点，包括创造新的商业模式、新的产品和高效率的颠覆性运营
		2. 你是否已经考虑了利用企业外部关系实现数字化转型的可能性，包括伙伴企业、供应商和顾客
		3. 你是否通过使用商业模式画布或类似的框架，使数字化颠覆创意和最有影响力的战略选择协调一致

(续)

阶段	准则	问题
单点突破（第二阶段）	数字杠杆点	4. 你是否考察了所有的三种转型动力——指数型技术、指数型流程和指数型生态系统，来鉴别数字化转型带来的颠覆性可能
		5. 你是否采用了一个非线性的创意过程，例如设计思维，来创造新的数字化创意
局部同步（第三阶段）	有效的变革	1. 领导者和核心组织广泛认可与支持变革管理比技术转型难十倍吗
		2. 你是否已经觉察到了变革的紧迫性和企业对于变革的态度，并努力去迎合一种特定的变革态势
		3. 你是否谨慎地选择了一种合适的变革模式（即有机变革、前沿组织结构或无机变革）
		4. 你是否识别出了可能会成为"冷漠中层"的角色和员工
		5. 你是否设计了新的激励体系，以激励"冷漠中层"投入变革行动中
	战略充分性	1. 你是否设计了相关机制，以一种持续的方式在核心组织中生成足够数量的数字化转型项目（如内部创业）
		2. 你是否有一种机制可以让你从试验项目中选择一些重大的、具有颠覆性的创意，并迅速将其复制应用
		3. 你是否有包括风险/激励系统在内的相关机制，允许至少50%的项目失败
		4. 你是否将资源按照70项（核心业务活动）、20项（核心业务的持续改进活动）和10项（颠覆式创新）的比例分配
		5. 为了推动全面数字化转型的成功，而不仅仅是部分创新活动，你确定好适用的成功标准了吗
全面同步（第四阶段）	数字化再造	1. 你是否制定了战略和切实可行的计划，以解决数字时代的人才技能再培训问题，包括领导力、员工的数字素养、人机接口、部门协调和数字安全等
		2. 是否有将企业中的各种"数字/IT"功能合并为赋能式的数字资源职能战略
		3. 数字资源职能是否计划引入更灵活和可扩展的技术平台
		4. 数字资源职能是否提升了员工能力，包括执行的灵活性、使用新技术的专业化能力，以及治理生态系统的新能力
		5. 你是否已经更新了供应商生态系统，使之具备了在数字化转型状态下胜出所必需的技能

（续）

阶段	准则	问题
全面同步（第四阶段）	保持前沿性	1. 你是否制定了战略帮助企业跟踪最新的数字技术
		2. 是否有一个专门针对高级管理人员的数字扫盲计划来帮助高管设定对实施数字扫盲的预期
		3. 你是否充分利用风险投资和初创企业来了解你所在行业的最新技术动向
		4. 你是否积极向供应商、合作伙伴，以及精通技术的用户提供免费的教育
		5. 你是否已经开始探索创建开放的生态系统，从而在内部和外部生成大量的创新用例（例如通过 APIs 开放数据来选择开发人员）
活力DNA（第五阶段）	敏捷型文化	1. 在你的数字化转型项目中，是否有以持续转型为目标的敏捷型文化
		2. 在整个企业中是否有一个强大的、普遍的、以客户为中心的体系？你的数字化转型计划是否会进一步扩展
		3. 你是否在核心组织内建立了能够适应失败的文化，使其能明智地承担风险
		4. 你是否在组织内部沟通并制定了一个共同的目标来支持持续转型
		5. 你是否培育了一种不断进化的精神（即你的组织意识到变化是唯一不变的内容）
	风险的感知	1. 你是否在年度战略规划中加入了一个特定的项目来感知和应对数字化颠覆
		2. 你有一个具体的衡量指标来衡量你所处行业随着时间的推移被数字化颠覆的程度吗
		3. 你是否采用定量方法衡量你的客户在多大程度上倾向于拥抱数字化颠覆
		4. 你是否有一个衡量指标来了解现有商业模式中有多少特定部分（如渠道、合作伙伴和价值创造系统的演进）正在被数字化颠覆
		5. 你是否评价过企业在数字业务和数字素养方面的投资状况

附录 B

五种指数型技术的应用建议

尽管指数型技术清单总是在不断变化，但有五项技术是企业领导者不能错过的。我称之为"五大指数型技术"。总体而言，这些是目前对企业最具颠覆性的技术集簇。在此处，我将提供一个入门性介绍，除了介绍它们是什么，还尝试将天花乱坠的宣传与实际情况区分开来。这"五大指数型技术"是：

（1）人工智能。

（2）智能自动化流程。

（3）区块链。

（4）机器人和无人机。

（5）特殊功能技术（虚拟现实、3D 打印、物联网、纳米技术、生物技术、先进材料等）。

人工智能

如果你只能关注一项指数型技术（那将是一个错误），那很可能是人工智能。人工智能本质上是计算机或机器对人类智能行为的模仿，它是思考计算机智能的最广泛方式。所有其他相关术语通常是人工智能技术的子集。机器学习就是人工智能的一个子集，它通过获取数据来学习特定的任务。深度学习是机器学习的一个分支，DeepMind 公司的 AlphaGo 击败了世界围棋冠军后，深度学习一时间变得非常受关注。它是一种利用模拟人类决策的神经网络来解决复杂问题的方法。

实际上在日常生活中，你已经是人工智能技术的主要消费者。如果你使用过 Siri、Cortana 或其他虚拟助手，你实际上就已经使用过人工智能了。如果你的信用卡或银行主动标记或阻止了一笔交易，你就体验过了基于人工智能技术的欺诈检测功能。亚马逊、奈飞或类似的服务提供商根据你的个人资料推荐产品，那也是人工智能技术。无人驾驶汽车也在使用人工智能技术。举一个你可能不知道的例子——你在雅虎上读到的大量简单的故事，美联社和其他财经与体育新闻网站上的内容都可能来自人工智能工具。

理解人工智能的潜力和局限性

人工智能也许就在我们身边，但它绝不是万能的。开启其巨大潜力的关键在于 IT 界众所周知的一个无害但强大的术语——场景。

"场景"是特定技术工具针对给定问题的应用情景。因此，信用卡欺诈检测和机器生成的新闻文章是人工智能的两个应用场景。人工智能突然变得如此流行的原因是，在成本可以承受的计算能力推动下，场景的数量已经发展到了一个临界点。这种现象适用于所有指数型技术，但人工智能恰好处于其发展周期的顶峰。

20年前，互联网就是这样一种指数型技术，它引发了应用场景的爆炸式发展。事实上，互联网的繁荣在很大程度上是创新者在互联网技术之上创造出更多新的应用场景。早期的大多数互联网应用场景都是关于"访问"的——在线购买产品，检查银行账户，在线办理机动车辆管理局的相关业务等。随着门户网时代的结束，互联网派生出了第二代应用场景，这些应用场景本身就是进一步构建更多场景的平台。云计算就是这样一个例子，它本质上使任何人都可以在线使用计算服务器，从而产生了新一代基于云服务的软件应用程序，这些云服务程序比必须在PC或服务器上安装的方式要灵活得多。当前人工智能正在经历应用场景的爆炸式增长。

重要的应用场景

好消息是，一个人不需要成为人工智能专家，就可以理解那些能够帮助或颠覆商业模式的场景类型。下面是一些关于人工智能技术的建议，应该会对你有所帮助。

- 你不只是"做"人工智能，就像你不"做"互联网一样。重要的是场景。

- 当心任何试图将人工智能作为万能药或者平台出售给你的供应商。因为你是在应用场景中比赛，而不是在人工智能技术中竞赛。当然，除非你是一名人工智能开发人员。
- 大多数人工智能算法都是开源的。任何企图卖给你人工智能平台的供应商，通常是在把那些免费的东西打包出售给你，而且可能还在溢价出售。打包的算法可能有一些价值，但通常没有想象的那么有价值。
- 大型企业中有成千上万种可能的应用场景。其中的一小部分对你未来的业务至关重要，请关注这些应用场景，并投入大量资金。
- 作为一个推论，如果你未来的商业模式需要依赖这几个场景，你可能希望开发其中的一些，以提供持续的竞争优势，因此需要建立足够的人工智能和数据科学能力。

应用场景案例

人工智能可以应用于任何涉及人类判断的场合。在表 B-1 中，我只列出了与大多数企业应用相关的几个应用场景，以供说明，或可有所启示。

表 B-1　人工智能在企业中的应用场景

生产制造	业务流程	市场营销	销售	研究和开发
预见性维护	自动化共享服务中心	精准广告	准确的预测	研究文献及期刊挖掘

(续)

生产制造	业务流程	市场营销	销售	研究和开发
提高生产良品率	欺诈管理	内容生成	销售代表建议系统	创意测试及确认
高效的物流	个性化的客户服务	客户细分	智能分发系统	用于结构设计的神经网络
优化供应链	强大的服务可靠性	客户洞察和产品	最佳的货架和商品陈列	人工智能成像
质量改进	优化人才	最优价格	基金投资回报率	针对候选人进行测试

你需要知道的实用信息

如何识别应用场景？

请你与最好的业务专家和数据科学家一起来识别它们，甚至他们也需要频繁迭代和试验。不要试图实施简单的场景调查，而是积极地试验！

如何塑造人工智能能力？

大胆去做。尽量雇用一些数据科学家，最重要的是，马上开始收集与你的业务相关的所有类型的数据。没有数据，人工智能也无能为力。

人工智能可以用于传统工业领域吗？

人工智能与此依旧存在相关性。几乎不会出现例外，一定是"旧+新"的结合创造出颠覆性的商业模式。如果没有传统工业的支撑，亚马逊的人工智能价值则不大。你需要将新世界的能力与旧世界的资产形成互补，并相互提升。

人工智能对工作有什么影响？

与任何自动化技术一样，人工智能肯定会改变人力和技能的利用方式。你的商业计划书需要预见到这一点。

人工智能会毁灭人类吗？

可能不会，因为聪明的人开始提出人工智能的边界问题。但如果不投资相关的人工智能能力，未来的业务发展肯定会遇到瓶颈，并可能毁于一旦！

智能自动化流程

这种技术使用软件机器人来进一步优化企业的业务流程，而普通信息系统无法做到这一点。智能自动化流程的一个极端是机器人流程自动化（RPA），可以将那些重复性计算的任务实现自动化。可以把它看作计算机上超级智能的 Excel 宏功能。另一个极端是人工智能，它有助于那些需要做出判断的交易业务，能够处理企业中结构化或者判断性的任务。

软件机器人或智能自动化流程正在成为每个企业中劳动力的一部分。软件机器人可以全年无休地工作。它们不用休息，可以简单地重复动作来增加企业的劳动力资源。缺点是，它们仅仅擅长处理重复性和结构化的任务，尽管采用人工智能技术可以处理一些判断性任务。

在工作流程中应用智能自动化还有一个更重要的原因。这项技术已经达到了一个临界点，不仅提高了生产率，而且加快了商业周期发展。智能自动化流程的相对快速和高回报率使其具有颠覆性。根据流程的复杂性，许多智能自动化流程项目可以在几周的时间内完成，在几个月内实现交付，并具有可延展性（只是复制机器人）和速度优势。

智能自动化流程的例子

与人工智能一样，RPA可以应用于任何人类进行重复操作的工作场合。下面是一个能够带来灵感的说明性清单。你将注意到，这些领域已经采用了基本的自动化软件（例如SAP、Salesforce、Oracle、Microsoft和其他大型企业软件）。这些"现成的"基本产品只能满足一些企业50%～90%的智能自动化需求，而在其他任务领域，例如人类触感、电子邮件和Excel表格等，还有许多空白需要填补。这是智能自动化流程未来发展的主要方向。

- 订单处理、发货和结算：特别是在离岸中心，涉及多个系统来协调完成订单管理周期。
- 索赔和承保流程：特别是在保险、银行和制造行业，需要大量的人力来进行常规性的信息验证。
- 客户或患者注册：涉及在多个系统中触发下游任务的活动，整个过程可以实现自动化。
- 信用卡应用：信用卡应用是一个很好的例子，它涉及跨多个信息源的身份验证和资格授权。
- 信息告知和数据管理：涉及从多个来源获取信息和以可预测的方式处理信息的任务。
- 员工招聘和入职：自动化的新员工招聘活动，包括更新多个IT系统、组织培训、设施管理、薪资管理等。
- 客户关系／投诉：跨多个部门的客户关系管理的结构化任务。
- 处理状态的变更：常规性任务处理，如改变企业地址等。

你需要知道的实用信息

你应该从哪里开始呢？

寻找大量从事日常工作的员工，无论这些工作在内部完成还是由业务流程外包（BPO）的供应商完成。

这个想法有多大？

非常大。许多大型应用场景现在的目标是使用1000个或更多的机器人，每个机器人都可以自动地完成以往需要几个人才能完成的任务。

你能通过在RPA中加入流程再造和人工智能来增加收益吗？

不要对糟糕的流程实施自动化管理。应该做的是清理它，然后拓展自动化的范围，包括判断任务的性质等。

哪种类型的组织受益最大？

这对传统企业的帮助大于数字原生企业。传统企业倾向于让大量员工投入日常工作中，要认识到这只是权宜之计。

有哪些注意事项和限制？

首先，你需要知道自己在做什么。在这种情况下，内部业务流程和IT专家需要参与进来，不要只是通过外包完成这项任务。其次，对正在实施的流程做好未来规划。当流程更改时，谁来负责调整机器人程序？

区块链

区块链是一项突破性的基础技术，最初是与比特币一起发明的。比特币仍然是高度投机的，对于大多数企业，我不推荐使用，而区块链被认为是自互联网发明以来最具变革性的技术之一。这虽是一个冒险的判断，但也不是没有理由。区块链可以终止和管理交易活动（例如银行转账），就像中断互联网的信息访问一样。

可以将区块链看作进行交易的数字账簿，甚至也可以将它看作电子表格。想象一下，这些表格在网络上被重复使用，并且不断地进行交叉验证。你得到的是一个不被更改的记录，它很容易进行访问，但实际上不可能被篡改，因为它不断地在多个副本之间进行自我审计。正是由于这个原因，区块链被认为是不可破解的——至少目前是这样。

区块链的可能性

因为区块链使用分布式数据，而且很容易被多方访问，同时仍然是高度安全的，所以它是一个可以在任何事务中消除中间人的工具。这也是金融业对此感到既紧张又兴奋的原因之一。它们今天的一大部分工作是作为交易双方的中间人。在证券交易领域，高达 10% 的交易仍然存在一些错误，需要手动处理，以便进行交易结算。区块链为此带来了一个节省数十亿美元现金结算费用的机会。

另一个合理的场景是投票。当一些国家正在考虑基于区块链的电子投票的可能性时，一些公司和社区组织已经开始跃跃欲试。阿布扎比证券交易所在其年度股东大会上引入了电子投票。爱沙尼亚在验证为居民提供的服务和公司股东会议方面有一些应用案例。

应用场景案例

潜在的应用场景案例非常多。事实证明，高度分散的事务、多方访问便利、高度网络安全性，三者不可能完美结合在一起。

表 B-2 中有一些例子可以用来说明区块链的应用场景并激发灵感。

表 B-2　区块链的应用场景

财务记录及模式	政府记录	供应链	安全	新兴市场
加密货币	土地所有权	跟踪与追踪产品和成分	汽车/酒店/家庭/储物柜钥匙	小额贷款

(续)

财务记录及模式	政府记录	供应链	安全	新兴市场
商业交易及记录	护照	货运跟踪与管理	确保凭证/优惠券/付款安全	太阳能共享
交易	出生和死亡证明	发票和付款	投注记录	支付
抵押贷款/贷款记录	网上投票	合同管理	专利/版权	农业的记录
小额信贷	政府透明度	供应商管理	数字版权管理	非营利组织记录

你需要知道的实用信息

区块链被高估了吗?

是的,就像大多数颠覆性技术在其早期阶段一样。但这不是一个足够好的理由来忽视它。它的力量足以极大地影响你的全部业务。

关于区块链的不可辩驳的指控——比特币交易所 Mt. Gox 不是被黑了吗?

是的。虽然区块链本身是安全的,但用于访问货币的钱包密钥没有得到保护。这就像把东西放进保险库,却不小心丢了钥匙。这说明了区块链强大、安全的基础设施的重要性。

如何启动区块链应用?

查看需要安全性的事务和多方交易事务的交集。和人工智能一样,从那些重复业务领域开始。通过参看其他人已经创建的案例,可以以快速和低成本的方式重新投入应用。

可以去哪里更好地理解区块链的可能性？

网上有很多资源列出了区块链所有可能的应用场景。将它与你的需要相匹配。当你在组织中获得了足够的技术经验时，考虑开发新的应用场景。

有哪些注意事项和限制？

有很多限制，但没有什么是不能克服的。重要的是要避免过度使用任何新兴技术，包括区块链。从小事做起。此外，与任何其他指数型技术一样，理解你在做什么是至关重要的。不要外包，事实上，永远不要外包你不懂的东西。

机器人和无人机

本节和下一节将讨论具体领域或者特殊服务的指数型能力。如果你的业务涉及某一具体领域，例如创造、移动、零售或对实地进行调查，那么机器人或无人机的能力就具有极大的可能性。

机器人和无人机已经从"好奇号"玩具变成了航空飞行的干扰物。截至2017年初，无人机的载重量已经超过500磅。这个指标一直在指数级增长。机器人已经可以完成最后一公里的产品交付、家庭协助、仓库操作和安全服务等任务。一些更具创新性的应用场景，如为医院运送血液等，正在发展中国家出现，以解决这些国家可能的基础设施不足等问题。在这个阶段，企业不仅需要测试能力，还要积极使用无人机和机器人。

应用场景案例

任何需要物理观察、感知、协助、移动、测量或交付的任务都是机器人可以进行公平竞争的领域。此外,任何涉及远程控制的任务都是无人机服务的目标。自然地,每天都会出现新的应用场景。表 B-3 列出了已经在使用机器人和无人机的一些行业案例。

表 B-3 机器人和无人机应用案例

机器人	无人机
制造业	农业
物流和仓储	摄影/电影摄影
交付	新闻
手术和医学	管道、井等的远程监控
家庭援助	森林与环境监测
老年人护理	搜索和救援
零售	军事
安全	包裹递送
军事	运输
建设	仓库管理
石油和天然气	桥梁及其他资产测量
与灾害有关的援助	房地产测量
警察及公务员事务	向偏远地区交付关键产品
酒店和餐馆	安全监视
自主车辆	公用设施维护
娱乐	保险验证

你需要知道的实用信息

机器人和无人机的发展目前处于什么阶段?

它比大多数人想象的更发达,比人工智能更加成熟。

哪些行业可能受到影响？

成本高、时间花费多、高危或涉及身体运动的行业。

如何识别新兴应用场景？

密切关注初创企业的活动。风险投资的信息来源以及 Crunchbase 等数据库是跟踪初创企业的简单途径。

监管政策和审批流程如何？

它们正以惊人的速度稳定下来。过去无人机操作员需要飞机驾驶员执照，现在只要有 150 美元和足够的学习资料，任何 16 岁的孩子都可以获得一个简单的无人机飞行员认证。

特殊功能技术

尽管上述四种指数型技术广泛适用于大多数企业，但还有一组指数型技术对特定行业具有颠覆性。这包括虚拟现实、3D 打印、物联网、纳米技术、能源储存、生物技术和先进材料等。特殊功能技术的完整清单太长，在这里无法详细介绍，但需要指出的是，这些技术可能会对特定行业造成颠覆，例如 3D 打印技术对设备制造商，或新兴储能技术对传统能源传输企业。这些在你的数字化转型计划中值得特别注意。位于硅谷的前瞻性智库奇点大学在这些特殊指数型技术的影响方面拥有最好的信息。下面我将简要介绍两个不太为人所知的领域所具有的惊人可能性。

先进材料的颠覆性能力

如果你的衣服能产生能量会怎样？嵌入衣服的纤维可以作为太阳能电池随时随地获取能量。想象一下，如果你能让混凝土结构的裂缝自我愈合，会怎样？科学家正在研究在混凝土中嵌入细菌，当出现裂缝时，细菌会被唤醒，然后产生石灰石填补裂缝。如果你家里的智能砖可以"消化"污染物并同时产生能量会怎样？这些创新的砖块包含合成微生物燃料电池，当它们被激活时，可以清洁水、回收磷酸盐或发电。这是一些新材料的例子，它们正在迅速改变传统材料科学的面貌。

总的来说，"先进材料"一词描述的是那些相比使用了多年的传统材料有重大改进的物质。先进材料的独特之处在于，它具有廉价的计算能力，可以极大地加快实现新突破的速度。这种影响类似于基因组学在医学上的颠覆性影响，不能再被忽视。

一个更智能的世界的可能性

另一项值得关注的指数型技术是智能设备。传统上，教育使我们认为世界上总会存在两种对立的类型——聪明的和愚蠢的。因此，我们的自动驾驶汽车可以是聪明的，但道路是愚蠢的。如果这个假设能够被推翻呢？如果道路和汽车一样聪明呢？这让我们看到了万物联网（物联网）的惊人可能性。

物联网正以前所未有的方式将实体世界和数字世界连接起来。

本质上，物联网是一个可以收集或交换数据的设备互联网络。它可以远程实现这一功能，从而为智能烤面包机、智能停车位、智能健康监控器、实时能源优化和智能制造等领域提供了可能性。

我们怎样才能让一切都变得更加智能

把一个物联网设备想象成一个特殊用途的传感器，它可以测量和传输必要的信息，并且可以足够智能地做出一些决定。Nest恒温器根据温度、一氧化碳和视频图像信息来做到这一点。通过使用这些数据，它可以帮助大幅降低家庭能耗。

现在想象一下，大量的智能物联网设备——你的牙刷、电视、割草机、汽车、扫地机器人、烤面包机、咖啡机、冰箱、洗衣机和干衣机、电脑、床、莲蓬头，以及你的数字信息，比如你的在线购物信息、你的信用卡数据、你的音乐收藏、你的联系人、你的个人偏好，能够无缝地连接起来并智能地工作。所以，当你外出工作的时候，你的冰箱会对一些快用完的杂货自动下单，割草机和扫地机器人会定期开机服务，安全系统智能地允许正确的送货，而你的洗衣机感到洗衣粉快用完了，并下订单购买。当你到家时，家庭安全系统会认出你并为你开门，系统将开始播放你喜欢的音乐，烤箱开始加热你的饭，垃圾桶会通知你它已经满了，你的智能手机基于实时交通信息给你安排一个去机场的恰好时刻。

现在想象一下，如果大量的智能家庭与其他传感器联网，从而形成智能城市，将会发生什么。安全、环境、拥堵、公共服务、医疗和金融服务等问题可以得到更有效的解决。

最后,考虑应用于企业的可能性。智能工厂实际上可以自己运转。智能交通可以优化服务和成本。智能零售可以为你提供个性化的服务。

作为第四次工业革命的一部分,这种利用大规模的网络将物理世界和数字世界结合在一起的能力,将彻底改变我们的生活。

每个行业都有一种或多种特殊的颠覆性技术

虽然我们只介绍了一些特殊功能的颠覆性技术,但重点是这些特定于行业的功能拥有最直接的力量来颠覆你的商业模式。3D打印、先进材料、物联网、纳米技术以及更多新兴技术将直接变革和冲击制造业。识别并利用特殊功能的颠覆性技术的正确组合,以适应数字时代的商业模式变革,才是避免被颠覆的最佳选择。

你需要知道的实用信息

从哪里开始使用特殊功能技术?

开始时要不断审视你的商业战略和客户需求,以选择正确的特殊功能颠覆性技术。对新产品和服务进行创新,采用颠覆性的商业模式。具备足够的组织能力来帮助你评估可能性和风险。

企业能够负担得起所有这些新技术吗?

不需要太贵。你最初可以在小规模的、低成本的循环中进行迭代,或者与他人合作。并不是所有的技术都需要额外的投资。以物联网传感器为例,如果你的物流司机拥有智能手机,那么实际上你已经具有了物联网传感器。大多数制造工厂的机器上都有尚未得到充分利用的传感器。

特种功能技术能力的成熟度如何?

以不同的方式考虑特殊功能指数型技术的成熟度是十分重要的,因为这些技术处于行业颠覆的前沿。投资一些具有行业颠覆性的应用程序,而不是坐等世界与你擦肩而过,可能是有必要的。

致　　谢

本书中的内容都是我写的，但我的编辑史蒂夫·皮尔桑蒂将它们编成了一本书。史蒂夫是 Berrett-Koehler 出版社的创始人兼总裁，这是世界上最愿意支持作者想法的出版商之一。史蒂夫不仅仅是编辑，他还帮助我将数字化的想法概念化，挑战并激励我，让我的思考得以不断延伸。本书极大受惠于史蒂夫的呵护。史蒂夫，我欠你一份人情。

写作过程令人感到非常愉快！

Berrett-Koehler 出版社的员工令我印象深刻。Jeevan Sivasubramaniam 的时间把控能力非常强，一切都严丝合缝。Michael Crowley 带领的营销团队非常优秀，它们的运营水平绝对是世界级的。我应该记住此事——我曾经与世界上最伟大的营销团队一起共事。真诚感谢 Lasell Whipple，他是本书的设计总监，感谢他细心和天才的设计，尤其是封面设计，令人印象深刻。Edward Wade 提供生产支持，David Marshall 提供编辑和数字化支持，María Jesús Aguiló 和 Catherine Lengronne 为各个国家提供授权服务，Leslie Crandell 提供国内营销支持，Liz McKellar 提供国际版权支持，Courtney Schonfeld 提供音频服务支持。Jon Ford 是一位超级能干的编辑，Jon Peck 提供精美的页面设计，使整个编辑过程变得非常顺利。Cathy Lewis 在公共关系方面的处理技巧绝对是大师级的。Jill Totenberg 证明了为什么她在业内被认为是最好的公关代理之一。以上这些只是 Berrett-Koehler 出版社的部分员工和合伙人，他们真的非常出色。

在我生命中的一半时间里，我为宝洁这个大家庭工作，说实话，那些年我每天都起早贪黑地工作。反过来讲，是宝洁引领和支持我不断成长，并成为我的学习和友谊的无穷源泉。那段经历非常有趣！早期在菲律宾工作时，麦睿博是一位能够鼓舞人心、振奋人心的领导者。麦睿博，谢谢你精彩的序。我非常幸运，在宝洁的两位上司——菲利普·帕塞里尼和胡里奥·内梅斯，都才华横溢、高瞻远瞩、经验丰富、古道热肠。

宝洁的 NGS 不仅是一个团队，还是一个家庭。布兰特·迪奇从共事的第一天起就与我众志成城。Kim Eldridge 是我的助理，她是一个完美的专业人士，集啦啦队长和团体母亲的角色于一身。Vasanthi Chalasani 是我的继任者，他带领团队取得了更大的成就。Ascendum、EY、Genpact、Infosys、L&T Infotech、HCL、HPE/DXC、Tata Consultancy Services、Wipro 和 WNS 等合作伙伴不但给我们带来了专业服务，它们还是工作激情的源泉。

在我们这样的数字化之旅中，萨利姆·伊斯梅尔一直扮演着导师和父亲的角色。诚然，他这个父亲非常年轻，但确实是一个这样的角色。在此过程中，OpenExO 团队一直是一个优质资源，非常感谢 Samantha McMahon、Michelle Lapierre、Francisco Palao Reinés 和 Emilie Sydney-Smith。Michael Leadbetter 是 Pivot Factory 的创始人和总裁，一直是我们的伙伴、朋友、主要支持者，更是一位美食家。谢谢你，Michael！

在我产生写作本书想法的时候，在出版方面有几个人给予了我极大的帮助。Trident Media Group 的 Don Fehr 是我的代理人，感谢他相信我这样一个没有名气的作家，给我机会并辅导我将碎片化的观点有机整合起来。Bob Johansen 是 Institute for the Future 的杰出研究员，感谢他的指导，并将我推荐给 Berrett-Koehler。我的朋友 Venkat Srinivasan 是一位作家并持续创业，他给我提供了有益的建议，并建立了良好的外部关系。Sanjiv Chopra 博士是一位多产的作家，还是哈佛大学医学院的教授，是他向我打开了出版界的大门。Blood Orange 的 Simone Ahuja、GlobalEdg 的 Paul Butler、Ouellette & Associates 的 Dan Roberts、CIO Eureka 的 Jose Ignacio Sordo 告诉我如何写作。

Vinisha Peres 博士是一位梦境研究者。Joe Lowenstein 是一位经验丰富的飞行员，也是一个真正的好人，他很乐意为我提供航空方面的专业知识，而我可能需要有几十年的飞行经验才能掌握这些知识。在整个"旅程"中，Sharad Malhautra 持续提供资源。Rajan 和 Alka Panandiker 是一流的摄影爱好者。当然，还有必须提到的Goans，我对他们投入的大量时间表示感谢。

我非常相信生态系统的力量，通过本书我接触到大量专家。Berrett-Koehler的专家网络成员Travis Wilson、Mike McNair、David Marshall、Nic Albert、Amity Bacon和Douglas Hammer等人都提供了详细的评论，极大帮助优化了本书的内容。

几位与我关系亲密且受人尊敬的同事花了很大的精力做出评论，这些评论帮助我在最后又进行了一些更新。他们是Mike Lingle（他是编辑天才）、Mark Dorfmueller、Guniz Louit、Sanjay Jiandani、Suman Sasmal、German Faraoni、Nicolas Kerling、Brent Duersch、Brad Comerford、Anshul Srivastava、Brad Humphries、Gaurav Mathur、Parthiv Sheth和Udayan Dasgupta。谢谢你们的激情付出。Paola Lucetti、Carlos Amesquita、Sanjay Singh、Yazdi Bagli、Kshitij Mulay、Kishore Karuppan、Mattijs Kersten、Clyde Bailey、Alfredo Colas、Kelsey Driscoll、Gautam Chander、Mike Teo和Oana Laza——感谢你们的支持。

ExO咨询公司是另一个关键的专家网络，根据它的实际经验提供了非常有用的见解。特别是Ann Ralston、Michal Monit、Rodrigo Castro Cordero和Almira Radjab，他们根据现实生活经验对书的内容进行优化，发挥了重要作用。图书推荐人在提供专业意见和支持方面扮演着重要的角色。一句简单的感谢是不够的。我的支持者——你们用自己的专业见解给我提供了很大帮助。

我在前面用"家庭"这个词来描述关系，那是因为我的家庭曾经给予了我这种真实的感受。我的父母 Ernest 和 Veronica Saldanha 一直给予我无私的付出和无尽的爱。我的兄弟姐妹和他们的配偶，如 Marilyn 和 Ambrose、Ivy 和 Charlie 以及 Flory 和 Cliffy 都告诉我，只要一个电话，他们愿提供任何帮助。我的岳母 Ermelinda Fernandes 最近刚去世，她在一生中从未停止过对教育的思考。

我的两个女儿，Lara 和 Rene，给了我更大的鼓舞、更大的帮助和更大的支持。她们从头到尾都在帮助我写作，提供的意见有大有小。有时候她们说"你写得太乱了，我们可帮不上忙"，有时候她们建议，"要想大卖，就拿鹦鹉啄你的照片当封面吧"。最后，特别感谢我的妻子 Julia，她可是家里的顶梁柱。本书的每一个字都包含着她的爱、她的灵感以及她的协助。没有她，本书就完不成。

注　释

1. Caletha Crawford, "Cushman & Wakefield's Retail Predictions for 2018 Are Not What You Want to Hear," Sourcing Journal, January 10, 2018, https://sourcingjournal.com/topics/business-news/retail-apocalypse-2018-cushman-wakefield-prediction-76866 [accessed December 19, 2018].
2. CB Insights Research, "Here Are 40 Casualties of the Retail Apocalypse and Why They Failed," October 17, 2018, https://www.cbinsights.com/research/retail-apocalypse-timeline-infographic [accessed December 19, 2018].
3. Rebecca McClay, "2018: The Year of Retail Bankruptcies," Investopedia, August 3, 2018, https://www.investopedia.com/news/year-retail-bankruptcies-looms-m/ [accessed December 19, 2018].
4. Michael Bucy et al., "The 'How' of Transformation," McKinsey & Company, May 2016, https://www.mckinsey.com/industries/retail/our-insights/the-how-of-transformation [accessed December 19, 2018].
5. Nadir Hirji and Gale Geddes, "What's Your Digital ROI? Realizing the Value of Digital Investments," Strategy&/PwC, October 12, 2016, https://www.strategyand.pwc.com/report/whats-your-digital-ROI [accessed December 19, 2018].
6. Michael Sheetz, "Technology Killing Off Corporate America: Average Life Span of Companies Under 20 Years," CNBC, August 24, 2017, https://www.cnbc.com/2017/08/24/technology-killing-off-corporations-average-lifespan-of-company-under-20-years.html [accessed December 19, 2018].
7. Bruce Rogers, "Why 84% of Companies Fail at Digital Transformation," Forbes.com, January 7, 2016, https://www.forbes.com/sites/

brucerogers/2016/01/07/why-84-of-companies-fail-at-digital-transformation/#14f3cddc397b [accessed December 19, 2018].

8. Art & Architecture Quarterly, "Long Island Museum: The Carriage Collection," http://www.aaqeastend.com/contents/portfolio/long-island-museum-carriage-collection-finest-collection-of-horse-drawn-vehicles/ [accessed December 19, 2018].

9. Park City Museum, "Transportation in America and the Carriage Age," September 2007, https://parkcityhistory.org/wp-content/uploads/2012/04/Teacher-Background-Information.pdf [accessed December 19, 2018].

10. Kent C. Boese, "From Horses to Horsepower: Studebaker Helped Move a Nation," Smithsonian Libraries, http://www.sil.si.edu/ondisplay/studebaker/intro.htm [accessed December 19, 2018].

11. Richard M. Langworth, *Studebaker 1946–1966: The Classic Postwar Years* (Minneapolis, MN: Motorbooks International, 1993).

12. Boese, "From Horses to Horsepower."

13. B.R., "A Crash Course in Probability," *The Economist*, January 29, 2015, https://www.economist.com/gulliver/2015/01/29/a-crash-course-in-probability [accessed December 19, 2018].

14. Salim Ismail, Michael S. Malone, and Yuri van Geest. *Exponential Organizations: Why New Organizations Are Ten Times Better, Faster, and Cheaper Than Yours—And What to Do About It* (New York: Diversion Books, 2014).

15. BT Group, "Digital Transformation Top Priority for CEOs, Says New BT and EIU Research," GlobalServices.bt.com, September 12, 2017, https://www.globalservices.bt.com/en/aboutus/news-press/digital-transformation-top-priority-for-ceos [accessed December 19, 2018].

16. Gartner, "Gartner 2016 CEO and Senior Business Executive Survey Shows That Half of CEOs Expect Their Industries to Be Substantially or Unrecognizably Transformed by Digital," https://www.gartner.com/newsroom/id/3287617 [accessed December 19, 2018].

17. Josh Bersin, "Digital Leadership Is Not an Optional Part of Being a CEO," *Harvard Business Review*, December 1, 2016, https://hbr.org/2016/12/digital-leadership-is-not-an-optional-part-of-being-a-ceo [accessed December 19, 2018].

18. Ibid.

19. Calleam Consulting, "Denver Airport Baggage System Case Study," 2008, http://calleam.com/WTPF/?page_id=2086 [accessed December 19, 2018].
20. Kirk Johnson, "Denver Airport Saw the Future. It Didn't Work," *New York Times*, August 27, 2005, https://www.nytimes.com/2005/08/27/us/denver-airport-saw-the-future-it-didnt-work.html [accessed December 19, 2018].
21. Justin Bariso, "What Your Business Can Learn From Netflix," Inc.com, December 4, 2015, https://www.inc.com/justin-bariso/the-secrets-behind-the-extraordinary-success-of-netflix.html [accessed December 19, 2018].
22. Timothy Stenovec, "One Reason for Netflix's Success—It Treats Employees Like Grownups," Huffington Post, December 6, 2017, https://www.huffingtonpost.com/2015/02/27/netflix-culture-deck-success_n_6763716.html [accessed December 19, 2018].
23. Chris Ueland, "A 360 Degree View of the Entire Netflix Stack," *High Scalability* (blog), November 9, 2015, http://highscalability.com/blog/2015/11/9/a-360-degree-view-of-the-entire-netflix-stack.html [accessed December 19, 2018].
24. Larry Barrett and Sean Gallagher, "Fast Food Fails Digital Networking Test," *Baseline*, http://www.baselinemag.com/c/a/Projects-Supply-Chain/McDonalds-McBusted [accessed February 7, 2019].
25. Larry Barrett and Sean Gallagher, "Fast Food Fails Digital Networking Test," *Baseline*, July 2, 2003, http://www.base linemag.com/c/a/Projects-Supply-Chain/McDonalds-McBusted [accessed December 19, 2018].
26. Spencer E. Ante, "Case Study: Bank of America," June 18, 2006, Bloomberg, https://www.bloomberg.com/news/articles/2006-06-18/case-study-bank-of-america [accessed December 19, 2018].
27. John Hagel III, John Seely Brown, and Lang Davison, "How to Bring the Core to the Edge," *Harvard Business Review*, February 6, 2009, https://hbr.org/2009/02/how-to-bring-the-edge-to-the-c.html [accessed December 19, 2018].
28. Ismail et al., *Exponential Organizations*.
29. Jonathan L. S. Byrnes, "Middle Management Excellence," jlbyrnes.com, December 5, 2005, http://jlbyrnes.com/uploads/Main/Middle Management Excellence HBSWK 12-05.pdf [accessed

December 19, 2018].

30. Quentin Hardy, "Google's Innovation—and Everyone's?" Forbes.com, July 16, 2011, https://www.forbes.com/sites/quentinhardy /2011/07/16/googles-innovation-and-everyones/#4a314d4a3066 [accessed December 19, 2018].

31. Bansi Nagji and Geoff Tuff, "Managing Your Innovation Portfolio," *Harvard Business Review*, May 2012, https://hbr.org/2012/05/managing-your-innovation-portfolio [accessed December 19, 2018].

32. Biography, "Richard Branson," https://www.biography.com/people/richard-branson-9224520 [accessed December 19, 2018].

33. Richard Feloni, "Why Richard Branson Is So Successful," Business Insider, February 11, 2015, https://www.businessinsider.com/how-richard-branson-maintains-the-virgin-group-2015-2 [accessed December 19, 2018].

34. Richard Branson, "Richard Branson on Intrapreneurs," msnbc.com, January 31, 2011, http://www.nbcnews.com/id/41359235/ns/business-small_business/t/richard-branson-intrapreneurs/#.XBqusWhKg2w [accessed December 19, 2018].

35. Gianna Scorsone, "5 Hot and High-Paying Tech Skills for 2018," CIO.com, April 23, 2018, https://www.cio.com/article/3269251/it-skills-training/5-hot-and-high-paying-tech-skills-for-2018.html [accessed December 19, 2018].

36. Susan Caminiti, "4 Gig Economy Trends That Are Radically Transforming the US Job Market," CNBC, October 29, 2018, https://www.cnbc.com/2018/10/29/4-gig-economy-trends-that-are-radically-transforming-the-us-job-market.html [accessed December 19, 2018].

37. Susan Caminiti, "AT&T's $1 Billion Gambit: Retraining Nearly Half Its Workforce for Jobs of the Future," CNBC, March 13, 2018, https://www.cnbc.com/2018/03/13/atts-1-billion-gambit-retraining-nearly-half-its-workforce.html [accessed December 19, 2018].

38. John Donovan and Cathy Benko, "AT&T's Talent Overhaul," *Harvard Business Review*, October 2016, https://hbr.org/2016/10/atts-talent-overhaul [accessed December 19, 2018].

39. Prachi Bhardwaj, "An Adobe Executive Once Accidentally Leaked Plans to the Press Before Discussing Them with the CEO—And It

Was the Best Thing to Happen to the Company's Productivity," Business Insider, July 14, 2018, https://www.businessinsider.com/adobe-donna-morris-productivity-hr-2018-7 [accessed December 19, 2018].

40. David Burkus, "How Adobe Scrapped Its Performance Review System and Why It Worked," Forbes.com, June 1, 2016, https://www.forbes.com/sites/davidburkus/2016/06/01/how-adobe-scrapped-its-performance-review-system-and-why-it-worked/#64fd21fa55e8 [accessed December 19, 2018].

41. David Burkus, "Inside Adobe's Innovation Kit," *Harvard Business Review*, February 23, 2015, https://hbr.org/2015/02/inside-adobes-innovation-kit [accessed December 19, 2018].

42. Infinit Contact, "10 Zappos Stories That Will Change the Way You Look at Customer Service Forever," infinitcontact.com, October 29, 2013, https://www.infinitcontact.com/blog/zappos-stories-that-will-change-the-way-you-look-at-customer-service [accessed December 19, 2018].

43. Tony Hsieh, "How I Did It: Tony Hsieh, CEO, Zappos.com," Inc.com, September 1, 2006, https://www.inc.com/magazine/20060901/hidi-hsieh.html [accessed December 20, 2018].

44. Craig Silverman, "How to Create a Culture and Structure for Innovation," American Press Institute, May 27, 2015, https://www.americanpressinstitute.org/publications/reports/strategy-studies/culture-and-structure-for-innovation/ [accessed December 19, 2018].

45. Joshua Benton, "The Leaked New York Times Innovation Report Is One of the Key Documents of This Media Age," Nieman Lab, May 15, 2014, http://www.niemanlab.org/2014/05/the-leaked-new-york-times-innovation-report-is-one-of-the-key-documents-of-this-media-age/ [accessed December 19, 2018].

46. Allana Akhtar, "Elon Musk Says SpaceX Didn't Have a Business Model When It Started," Money.com, March 12, 2018, http://time.com/money/5195687/elon-musk-business-model-space-x [accessed December 19, 2018].

47. Marco della Cava, "Elon Musk: Rockets and Electric Cars 'Dumbest' Possible Business Ventures," *USA Today*, March 12, 2018, https://www.usatoday.com/story/tech/2018/03/12/elon-musk-sxsw-

rockets-and-electric-cars-dumbest-possible-business-ventures/ 416670002/ [accessed December 19, 2018].

48. Louis Anslow, "SpaceX: A History of Fiery Failures," Timeline.com, September 1, 2016, https://timeline.com/spacex-musk-rocket-failures-c22975218fbe [accessed December 19, 2018].

49. IBM, "The C-Suite Study," https://www.ibm.com/services/insights/c-suite-study [accessed December 19, 2018].

50. Chunka Mui, "How Kodak Failed," Forbes.com, January 18, 2012, https://www.forbes.com/sites/chunkamui/2012/01/18/how-kodak-failed/#67b8a2fa6f27 [accessed December 19, 2018].

51. Maxwell Wessel, "Why Preventing Disruption in 2017 Is Harder Than It Was When Christensen Coined the Term," *Harvard Business Review*, September 4, 2017, https://hbr.org/2017/09/why-preventing-disruption-in-2017-is-harder-than-it-was-when-christensen-coined-the-term [accessed December 19, 2018].

推荐阅读

读懂未来 10 年前沿趋势

一本书读懂碳中和
安永碳中和课题组 著
ISBN：978-7-111-68834-1

双重冲击：大国博弈的未来与未来的世界经济
李晓 著
ISBN：978-7-111-70154-5

元宇宙超入门
方军 著
ISBN：978-7-111-70137-8

量子经济：如何开启后数字化时代
安德斯·因赛特 著
ISBN：978-7-111-66531-1

最新版
"日本经营之圣"稻盛和夫经营学系列
任正非、张瑞敏、孙正义、俞敏洪、陈春花、杨国安 联袂推荐

序号	书号	书名	作者
1	9787111635574	干法	【日】稻盛和夫
2	9787111590095	干法（口袋版）	【日】稻盛和夫
3	9787111599531	干法（图解版）	【日】稻盛和夫
4	9787111498247	干法（精装）	【日】稻盛和夫
5	9787111470250	领导者的资质	【日】稻盛和夫
6	9787111634386	领导者的资质（口袋版）	【日】稻盛和夫
7	9787111502197	阿米巴经营（实战篇）	【日】森田直行
8	9787111489146	调动员工积极性的七个关键	【日】稻盛和夫
9	9787111546382	敬天爱人：从零开始的挑战	【日】稻盛和夫
10	9787111542964	匠人匠心：愚直的坚持	【日】稻盛和夫 山中伸弥
11	9787111572121	稻盛和夫谈经营：创造高收益与商业拓展	【日】稻盛和夫
12	9787111572138	稻盛和夫谈经营：人才培养与企业传承	【日】稻盛和夫
13	9787111590934	稻盛和夫经营学	【日】稻盛和夫
14	9787111631576	稻盛和夫经营学（口袋版）	【日】稻盛和夫
15	9787111596363	稻盛和夫哲学精要	【日】稻盛和夫
16	9787111593034	稻盛哲学为什么激励人：擅用脑科学，带出好团队	【日】岩崎一郎
17	9787111510215	拯救人类的哲学	【日】稻盛和夫 梅原猛
18	9787111642619	六项精进实践	【日】村田忠嗣
19	9787111616856	经营十二条实践	【日】村田忠嗣
20	9787111679622	会计七原则实践	【日】村田忠嗣
21	9787111666547	信任员工：用爱经营，构筑信赖的伙伴关系	【日】宫田博文
22	9787111639992	与万物共生：低碳社会的发展观	【日】稻盛和夫
23	9787111660767	与自然和谐：低碳社会的环境观	【日】稻盛和夫
24	9787111705710	稻盛和夫如是说	【日】稻盛和夫
25	9787111718208	哲学之刀：稻盛和夫笔下的"新日本 新经营"	【日】稻盛和夫